AF279686

# SOY JESÚS SANZ
# Y ESTA ES MI MOVIDA

ExLibric

JESÚS SANZ HERRUZO

# SOY JESÚS SANZ
# Y ESTA ES MI MOVIDA

EXLIBRIC

ANTEQUERA 2024

JESÚS SANZ HERRUZO

# SOY JESÚS SANZ
# Y ESTA ES MI MOVIDA

*Lo que vas a leer a continuación es pura ficción
y cualquier parecido con la realidad
es simplemente casualidad.*

*¿Qué es real?*

# Soy Jesús Sanz y escribo

También entreno y como. Además, trabajo de ingeniero. Pero lo que más me gusta hacer es escribir.

Escribo mi movida. Eso quiere decir que escribo lo que vivo. Si no lo vivo, no lo cuento. En este punto tú dirás: «Vale, eso está muy bien, ¿pero qué cojones saco yo de leer tu vida?».

Depende de ti.

Aquí te hablo de historias personales que viví y de las que aprendí importantes lecciones. Te muestro valores universales aplicados a situaciones cotidianas. Y, en definitiva, te muestro todo lo que estoy consiguiendo yo, para que también lo puedas conseguir tú.

¿Cómo?

Mira dentro de este libro.

Soy Jesús Sanz y esta es mi movida (y si eres listo, también será la tuya).

# Lo que puedes esperar de esto

Mira, te voy a contar mi problema. Es grave. Atento. ¿Preparado?

Ahí va: tengo la divina obsesión de que todo esté bien. Siempre.

¿Qué ocurre en la vida?

Que lo más normal es que todo NO esté bien siempre.

En los últimos dos años, mi familia y yo hemos pasado por momentos difíciles. De enfermedad.

Empezó mi abuela, siguió mi abuelo, después mi madre y después mi padre. En los últimos días hemos recibido algunas noticias sobre otro familiar más que se une a la fiesta y que me ha quitado el sueño, mi otra abuela.

Hace poco, en febrero de 2024, y después de mucho tiempo muy malito, mi abuelo se murió de repente. Esto es algo que aún estoy intentando encajar.

Bien, de estos momentos tan duros saco tres cosas:

Lo primero es que todo NO está bien siempre, tenía que aprender que la vida no es buena o mala, la vida es la vida y ya, y que, si quiero cambiar el mundo, debo cambiarme a mí primero.

Tuve que decidir entre huir de la tormenta o aprender a estar de pie en el ojo del huracán.

En las próximas páginas descubrirás cuál camino escogí, puede incluso que aprendas algo para tu propio camino, quién sabe.

Lo segundo que pasó es que me di cuenta de una cruda realidad: la vida pasa rápido y se puede acabar en cualquier momento.

Esto me hizo pasar por varias semanas de silencio exterior y ruido interior. Luché contra un hastío existencial de manera constante y consciente hasta que vi una luz. Esa luz empieza a materializarse en las siguientes páginas y durará tanto como dure yo.

Creo haber encontrado mi propósito y no sé a dónde llegaré. Pero sé que, donde estoy, no me duele el alma, y eso es buena señal.

Lo tercero es que cada vez que me exponía a una situación de estrés elevado me dolía la barriga. A rabiar. Resulta que los pensamientos que no era capaz de digerir con el cerebro los digería con el estómago, literalmente.

Ahora no, ahora sé ponerlos en un papel y sé reflexionarlos. Ahora los digiero con un bolígrafo. Y, sinceramente, me siento mucho mejor.

Tienes en tus manos el diario de una parte muy turbulenta de mi vida, concretamente de mi vida interior, donde reflexiono sobre hechos cotidianos simples y llanos que he vivido y con los que te podrás sentir identificado —probablemente—, y que esconden principios universales que tú mismo podrás aplicar a cualquier situación cotidiana o no de tu vida —seguramente—.

Lo que vas a leer a continuación es todo lo que escribí en un pequeño grupo de Telegram —eso que es como el Whats-App pero en azul— que leían algunos amigos y familiares desde septiembre del 2023 hasta enero del 2024.

Un período de mi existencia al que llamo «el cuatrimestre de sanación». Porque aprendí que la vida es tan bonita como tú lo seas por dentro, que es mejor vivir con sentido que sin él, teniendo en cuenta que cualquier día puede ser el último y que es mejor digerir las cosas escribiendo y aprendiendo que con el estómago, siempre.

Dicho esto, ya me he quedado a gusto; nos vemos dentro.

Un abrazo.

Jesús Sanz

# 23 de septiembre

Hace un par de días estaba en el gimnasio entrenando *press militar* —sentado en un banco iba levantando dos mancuernas de arriba a abajo durante varias series—.

Eran las dos y pico, siempre voy a esa hora, y estábamos en la misma zona cinco o seis chavales haciendo los mismos ejercicios: parece que era día de hombro.

En ese instante llegó un nene bastante novatillo y se puso a hacer el mismo ejercicio también, pero no tan bien, por lo menos no del todo. Era la primera vez que lo veía en aquel gimnasio y creo que, en general, era la primera vez que él se veía así mismo en un gimnasio. No pasa nada, siempre hay un primer día.

Yo seguí a lo mío.

Sentado de frente al espejo subía y bajaba dos mancuernas, algo que cada vez costaba más. Pero no pasa nada. No pasa nada porque, cuando más aprietes la cara y más feo te pones, más fuerte eres.

Por lo que, a cada repetición, mi cara era más fea, más apretada y más roja.

Y mis músculos más grandes y fuertes —supongo—.

El chavalín, bueno, regular.

A los dos minutos y, suponiendo que se había fijado en mis caras apretadas, feas y rojas —señal de que sé lo que hago—, se acercó a mí y me pidió consejo.

De cinco o seis que estábamos allí me preguntó a mí.

A mí me pareció bien por dos motivos:

1) Siempre estoy dispuesto a echar una mano. Cuando yo la he pedido, siempre hubo alguien dispuesto a echarme una mano a mí —esto siempre, no solo en el gimnasio—, lo cual es genial y fantástico.

2) De cinco o seis que estábamos allí apelotonados, el chaval me escogió a mí porque veía algo que ni yo veía: realmente era el que mejor físico tenía de este grupito de gente. Y el más feo y apretado y rojo.

Con todo esto quiero decir que no hace falta ser un atleta de élite para ayudar a alguien a entrenar mejor.

Y en la vida no hace falta ser el número uno para echar una mano.

Si en algún aspecto de tu día a día crees que puedes ser de utilidad para alguien, no dudes de ti mismo.

No creas en el síndrome del impostor: podemos hacer cualquier cosa que nos propongamos, y es fundamental compartir los avances con el que quiera oírlos, porque así es como todos aprendemos y crecemos.

Y otra cosa más, no vayas de flipado, pero sé consciente de tu valor. A veces no nos fijamos en que somos buenos en algo o en que hacemos mejor algunas cosas que el resto de la gente. Y nuestro instinto auto-saboteador no nos deja verlo.

Permítete lucirte de vez en cuando.

# 24 de septiembre

Ayer fui a tomar un café por el centro de Córdoba con algunos amigos y mi churri. Íbamos paseando alegremente cuando nos paramos en un bar que está al lado de una tienda de libros, y decidí entrar con un colega.

A la tienda, no al bar. Al bar luego. Primero la cultura. Primero aprender y luego olvidar.

Después de dar un par de vueltas por la sección de filosofía —porque mi amigo y yo leemos filosofía y cualquier otra cosa que nos haga pensar qué cojones somos y a dónde carajo nos putodirigimos—, pregunté a la chavala que atendía por allí por un libro que llevaba dos meses en mi lista de deseos de Amazon.

El libro en cuestión es *Escribo para follar*, de Isra Bravo.

Después de escandalizar a media tienda, dependienta incluida, preguntando por ese título, la chavala lo buscó en el ordenador, lo localizó en un estante bastante escondido —supongo que estaba allí por vergüenza— y me lo dio.

Aunque no lo parezca, este libro no es para follar en particular, este libro es para vender en general, y es bastante bueno. Este y todo lo que escribe Isra.

Os recomiendo ver alguna entrevista suya en YouTube.

En cuanto al título, podrás pensar lo que quieras, pero llama la atención.

Mucho.

Llama tanto la atención que, por mucho que lo escondieran por la tienda, yo fui directo a por él.

Y eso es fundamental para poder crear y crecer.

Lo que quiero decir con esto es que da igual lo que quieras hacer en la vida o lo que ya estés haciendo, si no te ve nadie. Nada importa si eres invisible.

Da igual que te metan en la sección de economía, de psicología o de cómics para adultos. Y esto vale si trabajas ya en una empresa, si estás opositando o si vas de curro en curro sin un rumbo claro.

Vale para buscar mujeres, hombres o cualquier otra cosa que busques.

Llamar la atención vale para siempre y para todo.

Que te vean: solo así se puede crecer.

# 26 de septiembre

Ayer me estaba duchando antes de ir al curro y me fijé en una de las uñas de mi pie. La uña en cuestión era la del dedo que está al lado del pulgar en mi pie izquierdo.

Solo mirar esto me transporta al lugar más bonito en el que jamás he estado —probablemente— y a sentir uno de los más agudos dolores que jamás he sentido —seguramente—.

Me lleva al momento en el que mi uña pasó de rosa a negra, solo para pasar de negra a inexistente. Te cuento.

Este verano —2023— he estado de vacaciones en Portugal. Ya sabes, donde las toallas y el cilantro, y las mujeres con bigote —esto último puedo afirmar que es mentira, el cilantro sí, el cilantro te lo meten hasta en la puta Coca-Cola—.

Uno de los días que estuvimos allí visité con mi chica una playa increíble que parecía sacada de una película. No exagero, vete a Google ahora mismo y teclea Praia da Bordeira. Deléitate.

Bien.

La playa en cuestión tenía unas escaleras de madera que te subían a una duna. Una escalera al cielo.

Resulta que estaba yo superfeliz subiendo mi duna y disfrutando de unas vistas de cine, cuando pasó lo siguiente: n chico bajaba las escaleras. Yo subía. El chico pisa un extremo de un escalón que estaba suelto antes que yo y este se levanta. Yo, que tuve menos suerte, le pegué una patada al tablón. Noté como el dedo pasaba por debajo y la uña por encima, y en medio, el tablón. La uña se abrió como el capó de un coche y finalmente se despegó del dedo, mientras la piel en carne viva se frotaba contra la tabla.

¿Sientes el dolor? Yo también.

Hasta en aquella playa que por un momento confundí con el mismísimo paraíso existía el dolor. Lo cual me confirmó que no lo era y que yo seguía en el mundo terrenal. Qué mierda.

Después de dos segundos de apnea, pude enfocar y mirar al chaval.

¿Su reacción? Se parte el nabo y sigue bajando. Ja, ja.

De esta historia saco tres cosas. Una no, tres: la primera es que la vida a veces es así, vas a buen ritmo por una playa paradisíaca y te meten la zancadilla. No pasa nada. Se aprietan los dientes y se sigue. Se intenta disfrutar de todo, a pesar del dolor, y hasta del dolor.

La segunda es que hay que permitirse el dolor y la tristeza y todas las emociones, sean positivas o negativas. Aunque yo intento dedicar lo menos posible a las negativas. Y esto vale para apreciar la belleza de una playa de cine con tu novia —también de cine— y, para encontrar el éxtasis en el dolor de una uña arrancada de cuajo y sentirte vivo, terrenal.

La tercera es que nuestras acciones repercuten directa o indirectamente en todos los que nos rodean. Y tienes dos opciones:

1) Partirte la polla y seguir tu camino (como el grillado que bajaba las escaleras).

2) Influir de manera constructiva en la vida de los demás.

Seguro que ya sabes cuál elijo yo.

# 27 de septiembre

¡¡Hoy estoy muerto de sueño!!

Más o menos una vez a la semana me despierto muerto de sueño. Es normal, me levanto muy temprano y hay veces que me acuesto también tarde.

Bien, pues hoy es ese día de la semana y dormiría cuatro horas más.

Tengo una frase tatuada en mi pierna izquierda. La frase es «TODO PASA». El porqué de tatuármelo en la pierna es sencillo: para verlo. Especialmente en días como hoy.

Y es verdad, todo pasa. Pasa el lunes y llega el viernes. También pasa el finde y llega el lunes otra vez. Pasan los días, las semanas y los meses.

Pero no pasa nada. Pasarán, hagas lo que hagas. Soy yo el que decide qué hago con mi tiempo y quiero recordármelo A DI-A-RIO.

Cuando leo esta frase en mi pierna cada día, el sueño y el cansancio se esfuman: tengo un propósito y no se consigue durmiendo.

¿Cómo te hablas a ti mismo? ¿Estás haciendo lo que quieres hacer, siempre?

Estoy seguro de que sí.

Sé consciente de que el tiempo no espera a nadie y que es mejor no rendirse si ya has empezado, o empezar ya hoy lo que sabes que tienes que hacer, en lugar de dejar que el tiempo pase

y te pille por sistema sin tomar acción masiva en lo que te lleva
a onde quieres estar.
    ¿Me explico?

# 28 de septiembre

El otro día, el domingo, creo, fui al gimnasio y luego a comer a casa de mi abuela. Mi vida va mucho de eso, en realidad, gimnasio y abuelos en particular, y comer y gente a la que quiero en general.

Es una vida bastante pacífica.

Viniendo del centro y para llegar a donde vive, tienes que pasar por un parquecito donde hay varios caminos de tierra bastante estrechos.

Me metí en uno de estos caminos con mi bici —porque yo sigo teniendo quince años y voy en mi bici a todos lados— y tenía a un hombre delante, por lo que bajé velocidad y le di unos metros para que no se agobiara.

Mi abuela vive en un barrio de esos que si se ponen muy cerca en bici puedes llegar a casa sin deportivas, así que no me acerqué mucho.

Para no agobiarlo.

Bien, pues ahí estábamos los dos. En un camino muy estrecho.

El hombre delante mirando su móvil y andando. Yo mirando cómo se acercaba a un árbol y pedaleando.

El hombre seguía andando.

Yo pedaleando.

El árbol, acercándose.

Yo dudando de si pegarle una voz o no. Pero mi abuela vive en un barrio donde que te peguen una voz puede significar muchas cosas.

Al final, fue tarde. El hombre siguió el camino hasta el árbol y yo no pude evitar ver cómo se daba de boca contra las ramas.

De esta historia saco dos cosas.

Una no, dos.

La primera es que, si vas andando por un camino estrecho lleno de árboles, mejor mirar *palante*.

*Pabajo* no, *palante*.

Ya sabes, para no darte de boca contra las ramas.

Lo segundo es que hay que prestar atención. Al camino, a los árboles, a las personas que te rodean. A ti mismo. Ver qué quieres.

¿Estás yendo donde quieres o vas por inercia contra un árbol —el árbol del arrepentimiento, *fuá*—?

También aprendo de esto que, aunque el barrio de mi abuela no sea uno de esos donde los coches van descapotables, sino más bien te quitan las ruedas; a pesar de eso, quizá le tendría que haber pegado una voz.

Y eso vale para la vida también. Si ves que alguien se va a hostiar, no pierdes nada echando una mano.

¡Ojo! No digo obligar a nadie a nada.

Pero una conversación, a veces, puede cambiar toda una vida.

# 29 de septiembre

Te voy a contar una historia que hasta ayer no podía contar.

Corría el año 2016. Yo acababa de cumplir dieciocho años y era mi segundo año viviendo en Málaga.

Pero todo apuntaba a que iba a ser el último, por lo menos en libertad.

Como te digo, hasta ayer no podía contarte esto. Pero eso era ayer. Hoy sí. Hoy sí, porque he decidido que esto ha prescrito y pude contárselo a mi madre.

Por eso te la cuento hoy y no ayer.

Atento.

Durante el primer curso de ingeniería —estaba estudiando una ingeniería porque en la ESO tuve que decidir que me gustaban más las matemáticas sin saber muy bien por qué y la vida me fue dirigiendo en piloto automático hasta esa carrera— yo estuve apuntado en un gimnasio en mi barrio de Málaga, en Teatinos.

Era de una cadena de estos gimnasios que eran muy baratos pero que te ponían por delante un contrato de un año que yo no leí.

Vale, sigo.

Llegó el verano y mi cuenta bancaria quedó a cero.

Entonces yo tenía unos trescientos cincuenta o cuatrocientos euros al mes entre mi beca y lo que mis padres aportaban y estaban calculados hasta junio. Por lo que, en verano, mi cuenta bancaria llegaba a cero.

Miré un par de veces la cuenta durante ese verano y seguía a cero y sin problemas, por lo que seguía tranquilo y comiendo helados de Nutella. Supuse que el gimnasio entendió que yo estaba en mi ciudad natal de vacaciones y que, si no pagaba mes a mes era normal, no estaba en Málaga, estaba en Córdoba, con los helados y mi chica.

—¿Cómo le vamos a seguir cobrando al pobre muchacho? —supuse que dijeron los del gimnasio.

En octubre volví a Málaga y llegó el problema. Mi madre no podía saber nada de esto, pero ayer decidí que esto ya había prescrito y se lo conté.

Por eso os puedo contar esta historia hoy.

Ayer no, hoy.

Resulta que en octubre recibí una carta y varias llamadas de los abogados del gimnasio, y una multa de trescientos euros por no haber pagado nada durante los meses de verano. Supongo que supuse mal.

O pagaba o juicio.

Yo ya tenía la escena montada en mi cabeza: me veía a mí mismo sentando en el banco donde sientan a los criminales y una señora muy mayor y muy señora señalándome con el dedo y gritándome: ¡¡CULPABLE!!

Soñaba con el sonido del martillo aprobando sentencia.

Y ahí estaba yo. Con dieciocho años recién cumplidos, cuatrocientos euros mensuales y con miedo a ir a la cárcel.

Ya era un hombre, tenía que salir de esta sólo. Pero tres de cada cuatro euros de mi bolsillo para pagar mis deudas me dejaban un euro de cada cuatro para comer.

Después de darle un par de vueltas, eso hice. Me pasé ese mes de 2016 comiendo arroz blanco con sal. O macarrones con sal. Comiendo por tres euros al día ——aproximadamente——.

Pero sobreviví.

Sobreviví a que mi madre me matara de un revés cruzado y sobreviví comiendo arroz y espaguetis a la boloñesa (pero sin carne y sin boloñesa, solo sal y aceite).

Y lo más importante, sobreviví solo y comprobé que no pasa nada por no comer menos durante un mes si has sido un capullo y no te borraste del gimnasio.

Conclusión:

Que hay que ser responsable de los asuntos porque tarde o temprano te dan en la cara.

No fui responsable en junio cuando pude darme de baja en el gimnasio. Pero tuve que serlo en octubre y me costó aprenderlo trescientos euros y mucho arroz. Y sin pedir ayuda extra: yo me metí en ese agujero y yo salí de ese agujero.

Sé responsable de todo, tarde o temprano todos nos enfrentamos a lo que vamos decidiendo. Mejor no barrer debajo de la alfombra y actuar bien desde el principio.

# 30 de septiembre

Ayer me vine para Salamanca con dos amigos. Mañana te cuento por qué.

Hoy no, mañana.

Hoy te voy a contar la historia de por qué es mejor pensar antes de actuar, casi siempre.

Era el minuto cero de viaje cuando estábamos recién subidos al coche en Córdoba y decidimos, mis dos colegas y yo, que llegaríamos a Salamanca sin usar ningún mapa.

¿Que por qué?

Porque los hombres no necesitan mapas. Y nosotros somos hombres muy hombres —ja, ja…—. Además, conocemos la forma de España, ¿qué puede salir mal?

En fin, que salimos desde Córdoba dirección Madrid y atravesamos la provincia de Jaén. Una vez en Despeñaperros echamos la vista atrás un segundo y miramos por la ventana hacia nuestra Andalucía, por si fuera la última vez que la veíamos.

Despeñaperros siempre pone nostálgico a un andaluz.

Ya en territorio extranjero —Ciudad Real— decidimos que es hora de parar a comer. Ya sabes, por cumplir con las macros y esas cosas que se hacen hoy en día.

Paramos en un sitio que conozco de Puerto Lápice, un pueblito de Ciudad Real, a inflarnos de filetes y huevos: merienda de campeones. El sitio en cuestión se llama Aprisco de Puerto Lápice, y si algún día pasas por ahí, párate a comer. Lo agradecerás y te acordarás de mí.

Una vez hubimos llenado la panza, seguimos campos de molinos a través y dejamos Ciudad Real y Toledo atrás.

Cruzamos Ávila por carreteras nacionales donde hay más castillos que coches —y seguramente que personas— y finalmente, el objetivo final: Salamanca. Sin ningún tipo de mapa.

¿Resultado?

Un viaje de cinco horas y veinte minutos se convirtió en un viaje de siete horas.

¿Sensaciones?

Viajazo, literalmente. De divertido y de largo.

De esta historia saco tres cosas. Dos no, tres: la primera es que, para ir a Salamanca y para llegar a cualquier sitio en la vida, lo mejor es saber de dónde sales, a dónde vas y trazar un plan. Un mapa tan claro como sea posible. Esto para garantizar el éxito y desapegarse del resultado. El camino es lo importante porque sabes que llega a donde quieres llegar.

Lo segundo es que realmente somos hombres muy hombres —no es un piropo. Y burros muy burros. Pero, salvo por una pequeña dudilla en un pueblo oscuro y pequeño de Ávila donde un fallo nos hubiese costado acabar en Cáceres, llegamos a Salamanca sin coger un mapa. Como hombres muy hombres —una vez más sigue sin ser un piropo—.

Lo tercero es que, quieras llegar a donde quieras llegar en la vida, a veces está bien perderse a propósito y pegarte siete horas de risas y cante.

Está bien llegar y conseguir cosas, pero pararse a disfrutar y coger una flor en el camino a veces es necesario.

# 1 de octubre

Ayer dije que hoy contaría por qué estoy en Salamanca, aunque a estas alturas, si me tienes en Instagram (@jesussanzzzz) ya lo sabrás.

Tres colegas y yo hemos cruzado la submeseta sur para ver a nuestro amigo Alex competir en culturismo natural.

Y no, culturismo no es una competición de a ver quién lee más. No es una competición de cultura —como dice otro colega mío—.

Es eso donde muchos tíos se ponen prácticamente desnudos para apretar los músculos a tope.

También se pintan el cuerpo con una crema muy rara que los pone morenos y luego, encima de eso, se echan otra crema muy rara que los pone brillantes.

Todo esto mientras solo llevan un tanga puesto.

Así que allí que fuimos, a Salamanca, a ver a muchos hombres en tanga pintados de moreno brillante y apretando los músculos a tope.

Yo no entendía mucho de este deporte hasta que mi amigo Alex me dijo que iba a competir en él.

Y sigo sin entender mucho.

Pero de quince o veinte tíos que tenían mucho músculo y gritaban mucho, mi colega Alex es el tercero que más gritaba y más músculo tenía.

Lo cual quiere decir que va al campeonato de España.

Donde, por supuesto, habrá más tangas y más cremas raras que pondrán a mi amigo moreno y brillante.

Fuerte no, fuerte lo pone todo el trabajo que está haciendo. Todas las horas y todo el sacrificio. Para eso no hay crema.

Hoy quiero decir dos cosas: lo primero, enhorabuena a Alex, que lo ha dado todo y, por lo tanto, se lo merece todo. Es un líder y un ejemplo a seguir.

Lo segundo es que doy gracias por estar rodeado de auténticos cracks. Por estar expuesto a un clima ganador constantemente. Esto son solo los frutos. Mi equipo lleva un ritmo impresionante que no se ve pero que sí se nota.

GRACIAS.

PD: ¿Estás orgulloso de tu equipo?, ¿de la gente de la que te rodeas?

Si la respuesta es no, yo le daría una vuelta.

Ya sabes, por lo del clima ganador y los frutos, sobre todo por los frutos.

# 2 de octubre

Hoy ya vuelvo para Córdoba.

Este finde ha estado de lujo en el sentido de haber estado con gente que vibra muy alto.

Gente que ha sacado lo mejor de momentos muy duros y que te motivan para seguir dándolo todo solo con ver la pasión que ponen.

Te guste o no el culturismo.

De todas las historias de gente con la que hemos podido charlar, me quedo con la de Ana.

Ana es una chica que también viene de Andalucía. Su historia es acojonante y te la voy a contar para que veas lo acojonante que es.

Escucha bien.

Ana perdió a su padre y a su chico en cinco días. Por CO-VID, en 2020.

Eso le hizo reorientar su carrera profesional y se empezó a dedicar a la tanatoplastia. Decidió que la mejor forma de dejar su huella en este mundo era dar el mejor trato posible a la gente desde que fallece hasta que es enterrada.

No quería que nadie fuera tratado como un paquete de Amazon una vez fallecido. Y eso lo decidió cuando tuvo que soportar que su padre y su marido murieran solos en la UCI.

Sin poder despedirse de ellos.

En cinco días.

Ana también reconoce que el *fitness* le salvó la vida.

Fue su chico el que la introdujo en el mundo y, además de la superación personal, creo que también la hace sentir más cerca de él, y ella lo lleva al nivel más alto posible.

Y me parece una de las maneras más bonitas de demostrar y demostrarse amor.

Demostrar amor a tu persona favorita acordándote de ella cada día, haciendo lo que os gustaba a ambos.

Demostrarte amor por canalizar tus momentos más duros y sacar algo tan potente como lo que esta chica sacó.

Sin duda, la historia del fin de semana para mí.

Espero que te sirva de ejemplo para seguir dándolo todo y, lo más bonito: sacar lo mejor de los momentos más difíciles. Recuerda que cuando una piedra aparece en el camino, la piedra se convierte en el camino.

# 3 de octubre

El otro día mientras dábamos una vuelta por Salamanca, decidimos bajar al río.

Por Salamanca pasa el río Tormes, el del Lazarillo y tal.

Muy chulo.

Bajamos a la ribera, a unos caminos rodeados de árboles que hay por allí cuando pasó lo siguiente.

Atento.

Llevábamos un par de minutos andando cuando nos encontramos un grupo de personas con prismáticos mirando todos en la misma dirección.

En ese momento le dije a mi colega Manu, que se estaba alejando, que se quedara quieto. Esto es el norte y en el norte hay osos. Podría ser un oso y yo podría perder a mi colega.

Qué sé yo, tío, había muchas personas quietas y mirando por unos prismáticos, me puse en lo peor y salvé la vida de mi amigo.

Pues resulta que los tipos de los prismáticos eran aficionados a los pájaros y eso es lo que estaban mirando: pájaros.

Así que salve a mi amigo de unos pájaros.

De nada, Manuel.

En fin, la cosa aquí es que nos acercamos a ese grupo, a una pérgola que tenían montada.

Allí había un hombre que es del que te quiero hablar hoy.

Sentado detrás de una mesa, nos encontramos a un tipo, midiendo y pesando a un pájaro. Y hablando sobre él y su especie.

En su camiseta podías leer: «ATENCIÓN, ESTA PERSONA PUEDE ESTAR HABLANDO SOBRE AVES DURANTE HORAS».

Este tipo me cayó bien al instante por dos cosas.

Primero, porque era un superfriki experto en pájaros y a mí me gusta la gente que es superfriki y experta en algo. Porque si no, para qué estamos aquí.

Segundo, porque este tipo, al que le flipan los pájaros, se levantó por la mañana, montó un tenderete y empezó a hablar sobre estos bichos a los cuatro locos que nos íbamos parando con él. Mientras, sacaba pájaros, los medía y pesaba, y los soltaba en libertad.

Tiene su pasión y no duda en trabajarla y compartirla con el que la quiera escuchar. Sin mayor beneficio que mostrar lo que le mola a los demás.

Un auténtico crack, la verdad.

Espero que esta historia te enseñe dos cosas: la primera cosa es a seguir dedicando tiempo a todo lo que te mole y te haga mejor.

La segunda cosa es que lo mejor en esta vida es compartir nuestras polladas más raras con la gente que quiera oírlas.

# 4 de octubre

Creo que lo más difícil de todo es empezar.

Llevo años sabiendo que quiero escribir. Pero escribir de verdad: ganar pasta escribiendo.

Me da igual la cantidad.

Yo no sabía cuándo iba a empezar, así como no sé cuándo podré vivir de ello. Pero no me permito dudar: sé que el momento llegará tarde o temprano.

Tuve una revelación hace casi un año, cuando decidí que tenía que darle caña a esto, y me tatué la palabra «ESCRIBE» en la muñeca derecha.

Quiero verlo. A diario. Quiero ver lo que quiero construir y la forma en la que lo quiero construir. Me gusta hablarme a mí mismo.

Mis tatuajes me hablan, mis frases en la pared me hablan. Estoy rodeado constantemente de un clima en el que no hay otra posibilidad que no sea el éxito.

Cuando me rayo, miro mis tatuajes y me vuelvo a centrar. Miro mis mantras en la pared y desaparece la duda.

Me recuerdo a diario que la vida es muy larga para hacer todo lo que quiero, pero también es corta y no me puedo permitir dudar.

Ojo, no me permito dudar en tomar acción cuando ya sé lo que quiero.

En realidad, creo que todos sabemos lo que queremos, solo que nunca nos atrevemos a dar el paso. Por eso pienso que, para todo, lo más difícil es empezar.

No tengas miedo a empezar ya con lo que quieres hacer. La vida es hoy.

Hoy, ya.

Deja el trabajo que no te mola y busca el que sí. Haz ese viaje de una vez. Deja de vaguear y dedica tiempo a tu pasión.

¿Te mola tocar la guitarra como a mi colega Víctor? ¿Qué haces en Netflix? Cógete la guitarra y quémala a diario.

¿Quieres bailar como mi churri? ¿Cocinar como mi primo? ¿Ser el mejor ingeniero del mundo como… Elon Musk —no conozco a nadie que quiera ser el mejor ingeniero la verdad—?

¿Quieres dedicarte a los demás?

Sea lo que sea, dale caña.

Solo tú sabes lo que quieres de verdad. Elimina la pereza y combate el miedo con acción masiva.

La vida es muy larga para hacer todo lo que queramos, pero también es corta y no se permite dudar.

# 6 de octubre

La semana pasada por H o por B, se decidió que uno de mis compañeros del curro no continuaría en la empresa.

Te quiero contar esto hoy porque su reacción fue una lección para mí y creo que te puede servir.

Por eso te lo cuento.

Atento.

Cuando se enteró de que tenía que irse…

¿Crees que este tipo se puso a llorar o a maldecir su suerte?

¿Crees que se cagó de miedo y empezó a llorar por las facturas o por quién daría de comer ahora a sus mascotas?

¿Se agobió de alguna forma?

Si crees eso estás muy equivocado.

Este pavo se enteró de que dejaría la empresa un lunes por la mañana y por la tarde ya tenía reservado un curso de una semana de *kite* surf en Cádiz.

Ni más ni menos.

Por si sabes de surf menos que yo de la pesca del salmón, *kite* surf es eso de que te pones encima de una tabla enganchado a una cometa con forma de paracaídas.

Si eres un máquina, aguantas y disfrutas como un campeón.

Luego están los que acaban en Tánger, al otro lado del estrecho.

Total. A lo que voy.

Este tipo, lejos de agachar la cabeza y sentirse un pobre diablo, dio la vuelta a la situación y ahora mismo se está pegando una semana del carajo.

Y está súper tranquilo porque sabe que saldrá otra cosa.

A mí esto me parece superguay por dos motivos: el primero es la capacidad de no tomarse la vida tan en serio. La vida es la vida y claro, hay que vivirla y ser medio responsable. Pero de vez en cuando, o si las cosas no salen como quieres, está de puta madre pirarse una semana a surfear y luego Dios dirá.

Lo segundo es el miedo cero.

—Ya saldrá algo —dijo el tío—. Ahora me voy para Tarifa. Con dos cojones.

# 7 de octubre

Hoy me tienes que disculpar que llegue tarde.

Para escribir hay que vivir y ayer viví 24h despierto.

Me levanté a las 5:00 a. m. como cada mañana y me dormí a las 4:58 a. m. —la alarma sonará en dos minutos—.

Creo que hoy no, Siri…

No pude resistirlo. Yo normalmente escucho rap y cuanto más hardcore mejor.

Pero ayer, mis colegas y yo nos metimos en un concierto de indie. Y el indie me pone tierno, no lo puedo evitar.

En fin, disculpas aparte.

Hoy quiero contarte una cosa que viví ayer volviendo del gimnasio.

Iba con mi bici por el centro y vi a una pareja que se montaba en el coche.

El chaval llevaba una planta un poco alta y se montaba en el asiento del piloto. La chavala, desde el copiloto, iba dando instrucciones.

Hasta ahí todo en orden.

Me voy acercando y cuando estoy al lado, escucho a la chavala que dice:

—Ten cuidado al meterla, que no se doble.

Virgen.

Joder, ahí no estaba pasando nada malo.

Estábamos la pareja, la planta y yo.

Todos en la calle y vestidos. Menos la planta, claro.

Al grano.

La chavala dijo eso y me miró. Yo la miré. El novio me miró. Yo lo miré.

Nos miramos.

Asentimos.

Sonreímos y seguí con mi bici por el centro.

Joder. Acababa de haber una comunicación de la hostia superrápido y entre gente que no nos conocíamos.

Dobles sentidos obscenos aparte, lo que quiero decir hoy es esto:

Es muy sencillo comunicarse.

Cuando la gente quiere enterarse se entera. Cuando la gente quiere hablar y escuchar, la gente habla y se le escucha.

A la gente se le habla y escuchan.

La comunicación es sencilla.

Somos nosotros los que la complicamos. Con florituras y adornos. Con frases superlargas y palabras que ni fu ni fa.

Y con enfados *pegosos* de niño chico.

Hay veces que cuesta. Es verdad.

Pero es sencilla y nosotros los complicados que deberíamos, por lo menos, trabajar poco a poco en no joder la marrana más de la cuenta.

Dicho esto, me voy al *gym*. Porque mi entrenador de fútbol en bachiller me decía que era lobo de noche y perro de día. Así que tengo que trabajar hoy a pesar de no haber dormido por culpa del indie. Y porque me pongo tierno, qué le voy a hacer.

Lobo de noche y lobo de día.

# 8 de octubre

Ayer te hablaba de lo fácil que puede ser comunicarse y lo difícil que lo hacemos.

Hoy te doy un giro de 180.º y te hago pensar.

Cuando es difícil comunicarse con alguien, ¿hasta qué punto está bien seguir intentándolo una vez más?

Déjame que te cuente mi teoría de los puentes entre planetas.

Las personas somos como planetas.

Esto quiere decir que somos más que en la guerra y que estamos repartidos a priori al tuntún.

Por todo el espacio.

Nunca sabes dónde caes y de quién te rodeas una vez llegas de nuevas a un sitio, o conoces a alguien, etc.

Ya sabes, al principio hay otros planetas por ahí girando a su bola y tú los ves mientras giras a la tuya.

Bien, sigo.

Como los planetas en el universo, todos estamos relacionados y atraídos entre nosotros. Desde el más cercano hasta aquel que está en la otra punta.

Todas nuestras acciones afectan la vida de los demás. Directa o indirectamente y quieras o no quieras.

Además, como en el espacio, hay planetas que se atraen más y planetas que se atraen menos. También hay planetas que son más grandes y más atractivos, y algunos más chiquitos que pasan más desapercibidos.

Los dos me parecen bien. No es ni mejor ni peor, es ciencia.

Dicho esto, nosotros, que somos como planetas, pero con libertad de elegir, podemos decidir de quiénes nos rodeamos. Pero estamos jodidos a la hora de elegir por quién nos sentimos atraídos.

Uno no puede evitar la atracción con otra persona. Y esto puede ser a pesar del odio, la distancia, los malos rollos, etc.

La atracción es la atracción, y ahí es donde entran los puentes.

Cuando cuento esta teoría siempre pongo el mismo ejemplo.

Yo tengo un amigo. Se llama Ángel.

Con él siempre he sentido una fuerte atracción. Nos gustan los mismos temas, los mismos libros. Pensamos de manera similar, aunque a veces no estemos de acuerdo.

Somos dos planetas enormes que nos atraemos y UN SOLO PUENTE es necesario para tener una buena relación. No hace falta más.

Un acuerdo de respeto, una vía por la que llega mi opinión y la escucha; por la que llega su opinión y la escucho.

La comunicación con él es simplemente simple.

Luego, tengo otras personas en mi vida.

La atracción también es enorme, pero a veces la comunicación es difícil.

Aquí debo tender varios puentes. Uno o dos, o uno o dos mil.

Esto son acuerdos, patrones de comportamiento, maneras de expresar, qué decir y cómo, cómo pedir ayuda cuando estoy bloqueado, etc.

Entonces, la pregunta que lanzo es: si la comunicación no fluye, pero la atracción por esa persona es inmensa, ¿cuántos puentes estás dispuesto a trazar?

Si existe una manera para medir el amor para mí es esa, el número de puentes necesarios tendidos.

Pero siempre con una condición: que el número de puentes no te impida girar a tu bola.

# 9 de octubre

Si me sigues en Instagram (@jesussanzzzz) ya estarás suficientemente enterado de lo que voy a hablar hoy.

Resulta que el otro día recibí el primer insulto a cara perro de mi primer *hater*.

Señal de que la cosa marcha.

Hay una parte del Quijote —bueno, en realidad no es del Quijote, pero se le atribuye a este— que dice que, al entrar a una finca con perros encerrados en corrales a los costados de la entrada, estos empiezan a ladrar.

Sancho, asustado, dice: «ladran mi señor».

A lo que el Quijote responde: «ladran, Sancho, señal de que cabalgamos».

No sé de ónde vendrá esta historia, que, como digo, no aparece realmente en el libro.

Pero viene al pelo para el tema de hoy.

Y es que existen dos tipos de persona.

Uno no, dos.

Y esto se aplica a cada aspecto de la vida.

El tipo número uno y mi favorito son aquellos a los que se la pelas, en el buen sentido de la palabra.

Estos son aquellos que están centrados en lo suyo y que viven y dejan vivir.

Pueden ver lo que estás haciendo o diciendo, pueden decidir si está bien o mal. Si les mola o no según su propio criterio —algo cada vez más escaso hoy en día—.

Pero, piensen lo que piensen, viven y te dejan vivir.

Son conscientes de que cada uno tiene su locura y vive la vida a su manera. Lo mejor que sabe. Que todos somos jugadores y ninguno tiene todas las respuestas.

Si les molas se quedan un rato, si les das igual solo pasan de ti y siguen a otra cosa, mariposa.

El tipo número dos son los adorables *haters*.

Las piedras en los zapatos.

Las ramas en el camino.

Los envidiosillos que no saben qué carajo hacer y prefieren frenar a los que sí lo saben.

Atacar a los que se atreven porque si nadie avanza ellos tienen excusa.

Los que a cada paso te intentan hacer dudar.

Pero claro, tienen su parte buena. Y es que, cuando aparecen, es señal de que la cosa va bien.

Si aparecen en tu camino es que ese es el camino bueno.

Si están ahí es señal de que cabalgamos, Sancho.

Es necesario comprender que ellos no quieren ser así pero no saben hacer otra cosa.

Están acostumbrados a quejarse, a echar el balón fuera. La culpa y la responsabilidad siempre están en otro lado.

Nunca en ellos.

Seguirán ladrando, viendo cómo los demás avanzan.

Cuando quieran crecer, el primer paso será dejar de ladrar. El objetivo será intentar ser cada vez más como una persona del tipo uno.

Y llegar a entender que está bien pararse a oler una flor en el camino. Pero, si no te gustan las flores tampoco la intentes arrancar.

A lo tuyo y ya.

# 12 de octubre

Hoy quiero contarte una cosa que vi el otro día en una farmacia de Montilla.

Y que me parece una genialidad.

De *marketing* de ventas y de *marketing* de vida.

De vender y de venderte.

Atento.

El sábado estuve en Montilla cenando por la noche. Montilla es un pueblo un poco más al sur de Córdoba.

Si hubiese alguien de Montilla esto sería una guerra y se empezaría a decir que es una ciudad.

Pero es un pueblo.

En fin, al grano.

Era de noche y paseaba por el centro.

Por un error de cálculo tuve que entrar a la farmacia y encontré lo que buscaba en una estantería tipo isla situada en el centro del local.

Atención a la lección de ventas.

Lección de: tío, pilla esto porque, si no, te veo pillando lo otro.

Resulta que en la estantería donde estaba los condones y demás artículos para el vicio, en la parte de abajo, había test de embarazo.

¡Test de embarazo!

Me imagino los dos casos: el que va dudoso a por condones y el que no llegó a ir en su día.

El caso número uno:

—Buah, tío, ¿compro o paso? Total, tampoco creo que pase nada, ¿no?

(Mira para abajo y ve los test de embarazo).

—Vale, compro y se acabó.

El caso número dos:

—Disculpe, señorita, ¿dónde están los test de embarazo?

—Debajo de los condones caballero.

—¿En serio?

—Sí.

—Gracias.

. . .

La gente del caso número uno comprará siempre, a pesar de las dudas.

El caso número dos no olvidará jamás lo que tiene y quiere comprar, y ya sabe dónde encontrarlo.

Quería contarte esto y explicarte la lección de ventas increíble que esconde.

De un simple vistazo, el usuario puede ver los beneficios y los no beneficios de comprar o no el producto.

Esta farmacia te dibuja en la cabeza y de un plumazo que, si no compras A, te veré comprando B.

Si no quieres comprar B, anda, llévate el A ya y no hagas el capullo.

Te dibuja el beneficio directo de comprar el producto.

Al contrario que el noventa y nueve por ciento de las ventas del mundo que se centran en las características de los artículos/servicios.

El que es capaz de dibujar beneficios en la cabeza del cliente se hace rico, no hay más.

Y el que es tan transparente como esta táctica de *marketing*, se hace rico en relaciones de calidad.

Es así.

# 13 de octubre

Te voy a contar una historia que vivimos mis colegas y yo el verano pasado en Cádiz.

Es una historia de patriotismo en general, y de amor propio en particular.

También es una historia de hombres muy hombres. Y no es un piropo.

Lee primero y juzga después.

Esta aventura tiene lugar el día con el récord del desayuno más largo de la historia.

Era agosto del 2022 y llegamos a Cádiz sobre las 10:00 h. buscando un bar. Con la idea de desayunar y volver a Córdoba para comer.

Te lo creas o no, terminamos de desayunar a las ocho y media de la tarde.

Desayuno continental.

De primero cerveza, de segundo calamares. De postre, *whisky*.

Y para rematar, *jagger*.

Bien.

Pues es a las 20.30 de la tarde, mientras mis colegas y yo —ya desayunados— posamos para una foto con el atardecer, cuando un tipo me señala y empieza a hablarme en inglés.

Era un tipo americano. Americano, americano.

El notas era de Ohio —no se puede ser más americano que siendo de Ohio—.

Y llevaba sus chapas militares colgadas del cuello.

El pavito se pavoneaba delante mía diciendo que era piloto de las *Air Force* —la parte del ejército americano donde vuelan en aviones de combate, ya sabes, los de las pelis y tal—.

En fin.

El piloto de las *Air Force*, que era de Ohio y tenía sus medallas militares colgadas me retó a flexiones.

¿El premio? Una ronda de chupitos que pagaba el perdedor.

¿Lo que estaba en juego? España.

Joder. Ese tipo viene de USA. Se planta en España.

Y no solo en España: en Cádiz —el Ohio español, porque no se puede ser más español que siendo de Cádiz—.

Y me reta a flexiones.

El premio no son los chupitos, amigo, el premio es España y ese tío lo sabe.

Total. Muchas bromas aparte, llega el momento crucial.

Mi colega Suárez nos acerca a primera línea de playa donde el terreno es más duro y está más nivelado.

Me tumbo a duras penas pues tenía una rotura de 10 cm en el isquiotibial izquierdo. Pero eso es una historia para otro día.

Nos ponemos a la par el americano y yo.

Militar contra civil.

España contra USA.

Cádiz contra Ohio.

Y empieza la cuenta:

*One,*

*two,*

Voy bien.

*Three,*

…

*Ten,*
empiezo a notar el desayuno continental.
*Eleven,*
…
*Twenty five,*
empiezo a temblar más que un flan.
…
*Thirty seven,*
no puedo más, me voy a caer.
*Thirty eight,*
si caigo yo, cae España. No puedo permitirlo.
*Thirty nine.*
¡¡No me rindo joder!!!
*Forty,*
lo miro y veo a mi rival rojo y hecho mierda. Ahí sé que va a caer.
*FORTY ONE,*
campana y se acabó. El americano cae al suelo.
Gano yo, gana mi equipo y gana España.
Y para celebrarlo hago otra más.
*FORTY TWO* Y AL CARAJO.
A un español vas tú a chulear, y en España.

De esta historia saco tres cosas.
Dos no, cuatro tampoco.
Tres.
La primera es que, a pesar de querer rendirme en la veinticinco, llegué a las cuarenta y dos flexiones. Y eso, aunque lo hice por orgullo y vacilar —y a duras penas—, es algo que podemos

hacer siempre. Es la mente la primera que se rinde, el cuerpo aguanta mucho más.

Si eres capaz de controlar a tu cabeza, llegas donde quieres.

Esto hay gente que lo entiende y gente que no.

Lo segundo que saco de esta historia es el patriotismo tan olvidado en este país. Aquí cada uno odia o ama España según le convenga o según sus creencias. Pero estarás de acuerdo conmigo en que no pueden venir a ganarnos a casa.

Si hubiese estado Iniesta en ese momento me da un beso y un Kalise.

Lo tercero es el tema de lo cazurros que somos los hombres. A veces somos imbéciles y a eso me refiero cuando digo hombres muy hombres.

Pero así echamos también el rato —ja, ja—.

# 15 de octubre

Hoy es mi cumpleaños.

Celebro que la Tierra ha dado 26 vueltas al sol desde que nací.

Lo cual está bien.

Está bien porque es mejor sumar vueltas —cumplir años— que no hacerlo.

Hasta ahí estás de acuerdo conmigo, ¿no?

Todo lo que tengo hoy y todo lo que soy hoy, es fruto de veintiséis años de decisiones.

Y quiero compartir algo contigo.

Presta atención.

Di el estirón en 2011, más o menos en 3.º de la ESO, que crecí diez cm. en cuatro meses.

Pero, sin duda, el mayor estirón que he dado en mi vida ha sido este último año.

En lo mental y en lo espiritual.

En la ESO me dolieron mucho los huesos al crecer. Este año no sé lo que me ha dolido exactamente.

Pero agradezco ese dolor porque estoy creando algo, a mi parecer, de una manera muy bonita.

Y estoy empezando a encontrar el sentido de mi vida.

De mí mismo.

Y gran parte de esto es gracias a ti, que estás leyendo esto.

Creo que hay tres fechas al año que están bien para evaluar.

Tres fechas en las que dices: «pues ya ha pasado un año, a ver qué ha cambiado».

Esas fechas son septiembre, Año Nuevo y el cumpleaños de cada uno.

Pues aprovecho el día de hoy para decirme:

«Bien. Buen trabajo.

»Sigue así.

»Sigue trabajando y construyendo.

»Sigue creando relaciones estupendas.

»Sigue haciendo hasta lo que haces y aún no sabes por qué, pero te sienta bien, sigue.

»Sigue descubriéndote».

Recuerda esas fechas: tu cumpleaños, septiembre y Año Nuevo.

Tiempo de reevaluar. Tiempo de ver si alcanzas la satisfacción que mereces y, si no, de reorientarte para alcanzarla.

Si te paras a pensarlo, no son tantas veces las que cumplimos años, ni tantos los septiembres ni los unos de enero que vivimos.

Aprovéchalos, céntrate. Dedica tiempo a descubrirte antes de que sea tarde.

La mejor vida es la que decides. Así que pon la energía.

No hay más.

# 18 de octubre

Te voy a contar una historia —qué raro—.

Una de esas divertidas que pasan cuando dos amigos imbéciles intentan que un tercero folle.

Atento.

Atento, porque esconde truquitos buenos para vivir y vender. Vender y vivir.

Venderse y vivir.

Vivir y vender a tu colega.

Al grano.

Estábamos en un garito una noche de septiembre —ya sabes, ni frío ni calor— y mi amigo se fijó en dos muchachitas.

Bien.

Resulta que este amigo no tenía huevos para entrarle, y mi otro amigo y yo —recuerda, los dos amigos imbéciles— planeamos un plan.

El imbécil número uno se acercó a las chicas en plan normal:

—Hola, soy el Imbécil número uno, ¿cómo os llamáis?

—Pili y Mili.

—¿Estudiáis o trabajáis?

—Estudiamos y trabajamos.

Etc. Y más etc.

—Aburrido—.

Silencio sepulcral.

Mi amigo lo rompe así:

—¿No me vais a preguntar a qué me dedico yo?

PUM.

OREJAS COMO PLATOS.

En seguida las dos preguntaron:

«¡Claro! ¿A qué te dedicas?»

En ese momento, mi colega, el *maquinote*, contesta lo siguiente:

—Soy el representante de un hombre muy rico e influyente que está en esta sala.

Ya os lo imagináis.

Risas.

Cachondeo.

Y, aunque saben que es altamente improbable, interés.

Y en medio de todo el clímax aparece en escena el imbécil número tres, el interesado.

A partir de ahí, todo rodado, mi papel como imbécil número dos se redujo a irrumpir en la conversación cada quince minutos con el teléfono en la oreja gritando:

«¡¡HAN OFRECIDO DOS MILLONES, ¿SUBIMOS A TRES?!!».

«¡¡DAN CINCO Y VOY A CERRAR EN SIETE, ESTO ES NUESTRO YA!!».

El resto de la historia es historia.

Cambio de teléfonos, buen rollo y diversión.

*Cool.*

Hasta ahí todo bien.

¿Qué paso al día siguiente?

Mi colega, cito textual, nos pidió:

—¡Por favor, vamos a salir hoy, quiero que me hagáis lo mismo de ayer!

Ja, ja.

Amiguito.

Ja, ja.

…

No.


¿Y qué sacamos de esta historia? Tres potentes lecciones.

No una, ni dos.

Tres.

## ¡PRIMERA LECCIÓN!

No hay nada como ser natural y entretenido para ligar. Sin adornos, sin metro noventa, sin los abdominales del puto Zac Efron en *Baywatch*.

Naturalidad y diversión.

Sé claro y mata el aburrimiento, el resto es cantar y coser.

Para vender y venderte, igual, claro y natural, y seguro.

Y si entretienes, mejor.

## ¡SEGUNDA LECCIÓN!

Lo segundo, el dinero da *status*.

Estas nenas mostraron interés cuando se dibujaron la foto de un tío muy rico en la cabeza. Y me da igual que seas tío, tía, tíe o caballito de mar.

Esto no va por ahí.

El dinero da *status* y punto.
El dinero compra la vida que quieres.
Esto lo sabe cualquiera.

¡TERCERA LECCIÓN!

Los clientes tienes que buscártelos tú.
Las tías y los tíos, igual.
Yo no puedo hacer un numerito cada noche de juerga para traerte clientes/ligues, gratis no.
Pero puedo decirte cómo te las traes y te los traes tú solito: utilizando el poder de las historias.
No hay nada que funcione mejor en ningún ámbito de la vida.

Prueba y me cuentas.

# 21 de octubre

Hoy mi equipo y yo hemos amanecido en Zaragoza.

Podría haber mandado mi mensaje de las 5:00 a.m., pero no habría sido de buenos días.

De hecho, a esa hora seguía en un lugar que llaman La Casa del Loco.

Y no, no era la casa de mi colega.

Era una discoteca.

Bien.

Lo que te quiero contar hoy no va de esa discoteca.

Va de antes.

De algo que pasó en el bus de camino al centro de Zaragoza.

Antes de La Casa del Loco.

Estábamos en el bus cinco andaluces —mi equipo y yo— con un puñado de madrileños, algunos maños, uno de Logroño y otro de Soria.

Un buen *mix* español.

Resulta que algunos de los maños se dieron cuenta de que éramos andaluces.

¿Y qué creéis que nos pidieron?

Que cantásemos. Un tópico.

¿Y qué te crees que hicimos?

Parar el bus y pirarnos.

¿Qué son esos clichés?

…

Es coña.

Nos montamos un compás del carajo.

Empecé un ritmito golpeando la pared del bus, que entre los dedos y mis varias pulseras —cadenas de acero— hacían un compás bastante guapo.

Mis colegas me siguieron y arrancamos con *Mi Estrella Blanca.* Un clásico.

Y, puestos a cantar flamenquito, qué mínimo que una que se sepan en toda España.

Tío, habría que ver el «ritmazo» desde fuera.

Pero como éramos andaluces y el resto no, parecía que sabíamos lo que hacíamos.

Total, veinte personas cantando y dando palmas y golpes al bus.

Fiesta de camino a la fiesta.

De esta historia saco dos cosas.

Ni una, ni tres.

Dos.

La primera es que daba igual lo que hiciéramos, si íbamos a ritmo o no.

Si cantábamos bien o no.

En su cabeza, nosotros éramos andaluces y, por lo tanto, teníamos *musho* arte.

Y eso era suficiente para que quedara del carajo el concierto.

Lo segundo es que esa gente quería que les montáramos la fiesta por ser andaluces.

Dijeron: «estos pavos son de Andalucía, seguro que se cantan algo con cuatro golpes y cuatro palmas».

Hay gente que se ofendería por esto.

Nosotros no.

Yo no.

Que a nosotros nos identifiquen con pasarlo bien, con montar un *tinglao* en cualquier lado y hacer piña allá por donde vamos, para mí eso es más andaluz que el pan con aceite.

Y agradezco ser de donde soy.

# 22 de octubre

Hoy te escribo desde un tren.

Los trenes están bien. Para viajar y para pensar.

Y para escribir poesía.

Ya sabes, por lo de que hay trenes que solo pasan una vez en la vida.

Ya voy de vuelta a casa y le doy vueltas a todo lo que he vivido este finde.

La semana que viene está amortizada de historias ya solo con lo que hemos vivido estas cuarenta y ocho horas.

Pero ahora voy en un tren y me pongo a pensar, en el finde y en la vida.

Y hoy me quedo con la historia de Lola.

Dejaré para otro día la historia de Francia, porque sí, ayer estuve diez minutos en Francia. Pero eso para otro día, hoy te hablaré de Lola.

Lola es una mujer de unos sesenta y cinco años de Biescas —un pueblo de Huesca, échale un ojo en google, es precioso—, que vendía papeletas para un sorteo de X cosas vinculado con la lotería de Navidad.

Nos estábamos comiendo unas salchichas alemanas mi equipo y yo con vistas al Pirineo cuando nos entró esta mujer.

Antes de que dijera nada, le pedí cinco papeletas. El juego es el juego. Ella se rió y nos puso en situación.

Resulta que el dinero iba para una asociación contra el cáncer de mama masculino.

Y nos contaba la historia de la fundación y su origen.

Luego me miró y me dijo:

—Yo tengo cáncer metastásico, ¿sabes lo que es?

—Me lo imagino —dije yo, intuyendo que no pintaba bien y sin saber muy bien qué decir.

—Es terminal, me dieron cinco meses de vida —prosiguió—. Pero le dije al de arriba que tenía que esperar, que a mí me quedaba aquí un buen rato. Desde que me dieron cinco meses de vida han pasado seis años y medio. Y ahora me dedico a colaborar con esta asociación.

Sentí alegría.

Sentí alegría por esta mujer que, aun teniendo unas cartas tan jodidas, está sabiendo jugar su partida a la perfección.

En primer lugar, decidió no morirse todavía.

En segundo lugar, lo decidió para ayudar todo lo que pudiera a la gente que está en una situación similar a la suya.

Sentí alegría y envidia sana.

¿Cuánta gente habrá haciendo lo que quiere hacer, ayudando como necesita hacerlo?

A ella le dieron cinco meses, pero aquí nadie sabe lo que nos queda.

¿Estoy haciendo lo que quiero hacer?

¿Tengo las cosas tan claras como esta mujer?

¿Llegaré a tenerlas?

Sin duda, le daré más vueltas a la conversación que tuvimos con esta señora, porque creo que esconde cosas que quiero aprender. El secreto de la inmortalidad, por ejemplo.

Por lo de los trenes, que los hay que pasan una sola vez.

Y no estoy dispuesto a perder el mío.

Te invito a que hagas el esfuerzo de imaginarte este momento y ponerte en la piel de esta mujer. ¿Sabes ya lo que tienes que hacer?

# 23 de octubre

Tenía que recuperar energía y esta noche he dormido el doble que mi media semanal.

Lo necesitaba.

Hoy te quiero contar una historia de hombres muy hombres —que pesado—.

Y de patriotismo —que sí, que sí…—.

Nuestro nombre quedará en la historia al lado de los nombres de los últimos de Filipinas —¿quiénes?—.

Con una gran diferencia: y es que nosotros hemos ampliado el territorio español —*what?*—.

Sigue leyendo.

Como ya sabes, mi equipo y yo hemos ido de aventuras por Aragón.

El segundo día, en uno de nuestros periplos, acabamos en Biescas, a veintiocho minutos de Francia.

Y se me ocurrió una ocurrencia.

Francia estaba ahí, como un caramelito.

Me acordé de que Carlomagno una vez nos miró desde el otro lado.

También a veintiocho minutos desde donde estaba hasta nosotros.

Y también veía a España como un caramelito.

De esto hace unos 1200 años.

Decidió bajar a España convencido de que la conquistaría y los vascos le dieron tal somanta de palos que no avanzó un cipote.

En ese momento estableció la marca hispánica, que significa: «cuidado, loco, si quieres entrar ahí, piénsatelo dos veces».

Alerta españoles.

Recordando esto echando una cerveza en Biescas, se me ocurrió entonces cruzar a Francia y mear en la frontera.

Pero ojo, no como acto ofensivo —por mucho que ellos piten a Rafa Nadal—.

No nos meamos en Francia para ofenderla, eso es de mal educados, hombre.

Mi equipo y yo, como cinco perros, fuimos a reclamar cien metros cuadrados de Francia y desde el sábado 21 de octubre de 2023 son españoles.

Carlomagno debe estar *«criant beaucoup dans sa tombe»*.

Putos pegos aparte, esto estuvo genial.

Estuvo genial porque es un plan muy sencillo y barato, te sientes más español que nunca —por patriota y por capullo—, te echas una risa con tus colegas y tienes historia para toda la vida —cómo cinco perros españoles conquistaron cien metros a meadas y ampliaron España, la película—.

Blas de Lezo nos saluda.

Otra cosa que saco de esto es que, a la mínima oportunidad que tengáis, viajéis.

Viajar es la polla y con cuatro colegas sin mapa ni brújula ni dinero, y con ganas de todo, salen cosas muy guapas.

Historias para toda la vida.

Así que, de nada España, por ser más grandes ahora.

# 26 octubre

Hace poco te hablaba en uno de los vídeos que tengo subidos a mi canal sobre felicidad vs. satisfacción.

Decía que, mientras que la felicidad se busca fuera —responde al qué necesito—, la búsqueda de la satisfacción se busca muy dentro —en quién me quiero convertir—.

Si no lo has visto, échale un ojo ahora mismo en @jesussanzz en YT.

Ayer estaba viendo una charla grabada de Mario Alonso Puig —mañana te hablaré de él más a fondo, porque voy a verlo en persona— sobre la búsqueda del sentido de la vida.

Y planteó un juego de preguntas parecido al mío.

Él decía que si preguntamos «por qué» estamos aquí, empezamos a buscar fuera y acabamos entrando en bucles ansiosos.

Si nos preguntamos «para qué», decía, la búsqueda se dirige a descubrir nuestra propia luz interior y poder así sacarla fuera.

¿Para qué?

Para iluminar un poco el mundo de tinieblas en el que vivimos.

Esas son sus palabras.

Yo estoy de acuerdo y en desacuerdo.

Las dos cosas.

Estoy de acuerdo cien por cien en lo de buscar dentro.

No hay mayor satisfacción personal ni mayor grado de realización que encontrar lo que te mole y compartirlo.

Y si eso mola y ayuda, has coronado.

Pero estoy en desacuerdo con lo de iluminar las tinieblas.

No veo el mundo como un lugar oscuro que hay que iluminar.

Como un sitio que pide héroes y que sea nuestra obligación ser esos héroes.

No.

El mundo es el mundo y ya.

Ahora.

Nuestra percepción de él sí que puede ser oscura.

Y la solución sí puede estar en rodearte de otras pequeñas luces que te iluminen lo justo para que puedas iluminarte por ti mismo.

Y a partir de ahí ser tan grande como el sol si quieres.

Decía Paulo Coelho: «El Universo conspira a favor de los soñadores».

Es decir, de nosotros —de ti y de mí—.

Y es verdad.

No vengo a salvar a nadie.

Pero si necesitas un poquito de luz cuenta conmigo.

Porque me vas a encontrar y a partir de ahí, si quieres, puedes ser tan grande como el sol.

# 27 de octubre

Ayer estuve con Mario Alonso Puig —te dije que hoy te hablaría de él.

Por si no lo conoces, es un psiquiatra que, después de veinticinco años ejerciendo, lo dejó todo para dedicarse a la investigación y divulgación de todo lo que podía encontrar y escribir sobre desarrollo personal.

Desde un punto de vista científico, ojo.

Aquí no hay «cruasán con *fokin* café».

Aquí hay ciencia y, bueno, un poco de magia también.

De todo lo que habló, que no fue poco, me quedo con el momento en el que definió su profesión.

Dijo algo así como:

«Yo no vengo a deciros quiénes sois y qué tenéis que hacer. Yo vengo a recordároslo. Soy un simple vehículo de los muchos que utiliza la Providencia que está aquí para hacerte pensar y hacerte actuar».

Con lo de pensar, se refería a que busquemos dentro de nosotros nuestra ilusión, lo que poco a poco se transforme en nuestra razón de ser.

Nuestro sentido.

Con lo de actuar, se refería a que andemos, ya que poco se consigue desde el sofá.

Es mejor empezar a andar y ver cómo el universo, Dios, la Providencia —palabras suyas—, empiezan a confabular a nuestro favor.

Y esas palabras son las que suscribo yo.

Creo firmemente que, si empiezas a actuar, si inicias un proyecto, aunque no sepas cien por cien hacia dónde dirigirlo, aunque no tengas claro qué carajo haces, creo que, si tu alma está tranquila, es que es el camino adecuado.

Y que poco a poco irán apareciendo recursos inesperados, fuentes de creatividad extraordinarias —que no habrían aparecido de no haber echado a andar— y, lo mejor: personas increíbles.

Algunas que llevaban años ahí y que se acercan de nuevo, y personas increíbles que llegan de nuevas.

Yo no sé a dónde me llevará esto.

Sinceramente, no tengo muy claro lo que estoy haciendo.

Pero sé que me gusta y sé que mi alma está tranquila aquí.

Creo que poco a poco le voy dando forma a mi ilusión, a mi sentido.

Y gracias a compartirlo contigo, ese sentido es aún mayor.

# 28 de octubre

Mira.

Mis amigos y yo, especialmente tres o cuatro, no somos de ver el fútbol.

Nosotros vamos a un bar y nos podemos pegar tres horas hablando de cómo gestionar problemas, cómo mejorar relaciones, cómo atreverme a esto y lo otro...

Qué estoy aprendiendo y cómo lo aplico a distintos campos de mi vida.

Etcétera.

Para la mayoría, somos un coñazo.

Ya sabes, la mayoría que prefiere ver el fútbol.

Y esto no es malo ni bueno.

Es así y ya.

No lo elegí, pero ahora no lo cambio por nada.

Bien.

Pues el otro día estábamos sentados en nuestro bar y empezamos a hablar de qué consideramos una victoria y qué no.

A nivel personal.

Y rápido se llevó el tema al campo del ligoteo.

Tú verás, los eruditos, ¿sabes?

En fin.

Intentamos definir qué era una victoria en ese ámbito y, lejos de que la victoria sea ligarte a la chavala que más te guste, el premio es atreverte a hablar con ella.

Enfrentarte al rechazo, te sientas como te sientas en ese momento.

Te creas el más guapo de la discoteca o te sientas feo como los pies de otro por abajo.

La victoria es atreverte a hacer lo que quieres en cualquier circunstancia independientemente de que lo consigas o no.

Pues bien.

A raíz de eso le hice un regalo a dos de mis colegas que, desde mi punto de vista son muy distintos pero que compartían el mismo problema de inacción.

El regalo en cuestión era un bono de NOES.

Y, para resumir: básicamente gana el que me traiga dos noes de dos chicas distintas.

Con la idea de llegar a una chavala y decirle: oye, me gustas y sé que yo nunca te gustaré a ti, pero tenía que hablarte. Por favor, necesito que me escribas aquí un no y te dejaré seguir con tu magnífica vida endiosada.

Pues dos noes de esos y había premio.

Aún no tengo resultados del experimento.

Pero lo que intentaba con esto es animar a mis colegas como me animo yo: gánate un no.

Gánate cien noes y aprende.

El error es un gran maestro si eres tan humilde de acercarte mucho a él y ver qué hay dentro. Que esconde.

Para mí, el verdadero fracaso no es errar, sino darte por vencido antes de intentarlo.

Yo colecciono noes también.

Solo que no en el campo del ligoteo, eso ni lo quiero ni lo necesito desde hace años —veo a mi mujer asintiendo con cara sosegada, como que me ha educado bien, buen chico—.

Yo colecciono noes cuando quiero ganar gente para mi comunidad (en RR. SS.) y pierdo tres en un día, como ayer. Y hoy cojo y escribo de nuevo.

Colecciono noes cuando subo un vídeo a YouTube esperando cuatrocientas reproducciones como el vídeo anterior y no llego ni a sesenta.

Y una semana más subo otro vídeo.

Colecciono un NO cada día que voy al *gym* y no veo el cuerpo que quiero. Cuando tenga trescientos sesenta y cinco noes la cosa cambiará.

Con este pedazo de texto de hoy, te animo, como me animo a mí, y como animo a mis amigos.

A que te atrevas. A que lo intentes.

Es mejor estamparse a doscientos que morir con la piel intacta y la mente llena de dudas, ¿no crees?

# 29 de octubre

Einstein dijo hace casi cien años ya aquello de que la frontera entre el mundo interior y exterior era ficticia.

Que no hay diferencia entre lo que hay más allá de mi cuerpo y lo que hay más acá.

Esta afirmación parece simple, pero esconde significados muy profundos.

Como por ejemplo el de que, si todo es todo, sin separación, podemos cambiar nuestras circunstancias —nuestro exterior— partiendo del pensamiento —nuestro interior—.

Un pensamiento constante, que se transforme en palabras constantes y en hábitos constantes, pueden transformar el mundo exterior.

Hace muchos años nació un chiquillo al que no le tocaron buenas cartas.

Su padre falleció siendo el muy pequeño aún y tuvo que entrar, con sus hermanos, a un orfanato.

Su madre no podía hacerse cargo de ellos, eran otros tiempos.

El tiempo pasó y aquel nene conoció a una nena superguapa.

Una rubia de quince años con los ojos verdes.

No tenían otra prioridad que la de quererse mucho.

A ellos y a sus hijos, que llegaron a ser cuatro.

Estas palabras no las digo yo, las dijo esta nena rubita.

Como solo pensaban en quererse mucho y cuidar de su familia, ese nene que luego fue hombre antes de tiempo tuvo que tocar muchos palos.

Algunos de ellos lo obligaron a irse muy lejos, a Alemania, y alejarse de su familia.

Aquí, en España, no había trabajo.

Te hablo de tiempos en los que irse a Alemania no era pillarse un vuelo por el móvil y estar aquí en 3h.

Aquí había mucha tierra y muchos meses de por medio.

Al cabo de unos años, este hombre decidió cambiar sus circunstancias.

Eliminar la frontera mental entre lo interior y lo exterior.

Y montó su pequeño negocio en su barrio.

Ya no quería estar lejos de su familia ni un día más y decidió emprender.

La cosa tiene más miga de lo que parece porque el barrio donde vivía esta familia, y donde montaron el negocio, era una plaza complicada.

Era el típico barrio cuya entrada te podía costar un reloj, un par de zapatillas y, casi siempre, un susto.

En parte sigue siendo así.

No fueron pocas las veces que entraron cuchillo en mano al bar de este hombre que te cuento.

Pues, con todo y con eso, el nene y la rubita echaron la familia *palante* y vivieron la mejor vida posible con las cartas que tuvieron.

Que no fueron buenas.

Cincuenta y siete años compartieron juntos.

Hasta que un 29 de octubre, en el 2020, el nene de cartas muy difíciles se durmió y no volvió a despertar.

Este hombre fue mi abuelo. Hoy hace tres años que no lo veo.

Y cada día y desde entonces, le regalo mínimo un pensamiento.

Antes de dolor porque no podía verlo.

Ahora de amor, porque sé que lo volveré a ver.

Pienso en él a diario y lo quiero como si no se hubiese ido.

A veces le hablo como si estuviera.

Porque en el fondo sé que está.

Este mensaje es para todos los abuelos del mundo.

Los que siguen vivos y los que se hicieron eternos.

Cuando se van nos duele, pero es necesario entender que es el cielo reclamando su estrella.

Reclamando lo que siempre fue suyo y que el regalo fue compartirlo contigo. Con su nieto.

Un beso abuelo, yo no puedo verte aún, pero sé que estás aquí.

# 1 de noviembre

Hoy te escribo desde un sitio increíble.

Y no he tenido que irme al Pirineo.

Estoy en lo más alto de Córdoba.

Es irónico porque no me siento muy arriba últimamente.

Aun así, aquí ando, lo más arriba que puedo de mi ciudad.

El sitio en cuestión es una ermita encima de una montaña. Para llegar aquí hay muchas curvas y muchos árboles a un lado y otro de la carretera.

Todo junto forma un paisaje bastante hipnotizador que hace que por un rato no exista el mundo ahí fuera.

Todo va bien cuando estás aquí.

Todo.

He venido por dos motivos.

El primero es porque me flipa conducir. Hace que me concentre y me pone en orden la cabeza.

Pienso mejor cuando conduzco, es la verdad.

Esta es la terapia que uso cuando no me funciona la terapia. Conducir un rato: el coche y el ruido.

El segundo motivo es que a veces me siento como un tigre en una jaula.

Literalmente me podrías ver en mi cuarto de pie andando de arriba abajo.

De un lado a otro.

Sin poder salir. Y eso que la llave de esta jaula la tengo yo.

Bueno pues hoy abrí la puerta y he venido a este sitio.

Aquí me siento libre.

Hay aire limpio.

Te sientas al borde y tienes Córdoba a los pies.

Los problemas son menos problemas desde aquí.

Eso es lo que quería compartir contigo hoy.

Eso y recordarte que la llave de la jaula donde nos metemos a veces, la tenemos nosotros. Y podemos abrirla cuando queramos.

Que no se te olvide.

# 2 de noviembre

Nunca sabes qué frase, qué palabra o qué experiencia va a tocar qué en quién y le va a cambiar la vida. Es por eso por lo que cada vez me gusta más pensar antes de hablar.

Es más, me gusta estar dándole forma a mi manera de pensar según la forma en la que quiero hacerlo, de manera que cuando hablo —sobre todo cuando digo algo a alguien—, lo que sale por mi boca suele tener sentido con lo que tengo en la cabeza. También con lo que hago con mis manos y, en general, con cualquier cosa.

Ya sabes, por lo de que, digas lo que digas, eres lo que haces.

Esto que parece tan obvio en realidad no lo es.

Obsérvate y verás.

Bien.

Mira, yo he jugado muchos años al tenis. Desde los ocho o nueve hasta los dieciséis o diecisiete. Aún hoy me escapo con mi hermano a jugar.

Una vez estábamos un compañero y yo preparándonos para un torneo.

El tenis siempre fue un deporte muy elitista y hasta los niñatos de mi barrio —un barrio obrero pobre normal—, se gastaban una buena pasta en raquetas y chándales y zapatillas y macutos.

Por lo de aparentar y eso.

Pues bien, mi amigo y yo teníamos unos doce años, una raqueta de las baratas sin funda donde guardarla, y ropa normal de deporte.

Nada de marcas top. Tampoco sabíamos que fueran obligatorias.

Este día del que te hablo nos cruzamos en el club con dos tipos que tendrían quince años y quince raquetas cada uno en su macuto *full*, vestidos, por supuesto, con su ropa de Roger Federer o el tenista número uno de turno.

Quinientos pavos en tonterías para un nene que jugaba en un barrio pobre normal sin mucha más proyección de futuro.

Uno de estos tipos me silbó para que me acercara.

Yo llevaba mi raqueta en la mano, como siempre —recuerda, no tenía macuto— y me preguntó que de qué tenista famoso era esa raqueta.

Le dije muy contento que era la de Rafa Nadal.

Él se río y me dijo: «sí, de Rafa, ¿pero será la junior no?».

Su colega se empezó a reír y añadió: «más bien la junior B».

Y era verdad, era una raqueta que imitaba a la de Rafa, pero valía cuarenta euros o así. Vaya, que no era la de Rafa, pero ponía Rafa en el lado.

Yo que sé, a mí me gustaba.

En ese momento me sentí triste, la verdad.

Un poco avergonzado.

Mi colega se dio cuenta y nos fuimos.

Durante unos días le di vueltas al asunto y decidí vengarme en el torneo en plan serie *anime* de tenis.

Créetelo o no, pero quedé segundo y solo hubo uno al que no pude ganar: a mi colega.

Tendrías que haber visto a los nenes con macuto cómo pegaban voces según iban perdiendo partidos.

Uno, jugando contra mí, llegó a partir una de sus quince raquetas.

Así que ya solo tenía catorce.

Hoy en día, agradezco haber pasado por esto.

Por dos motivos.

El primero es porque se aprende mucho cuando te atacan. Se aprende a ser buena gente simplemente haciendo lo contrario de lo que te han hecho a ti.

Así que decidí no meterme con nadie jamás simplemente porque tenga menos que yo.

También decidí no volver a sentirme mal porque alguien se crea mejor que yo por tener más que yo.

Lo segundo es que puedo hacer cualquier cosa que me proponga. Ganarle a cualquiera en competición y ganarme a mí mismo a diario.

Da igual los recursos. Primero, echar a andar, y, luego, ir adquiriéndolos.

Pero de poco sirven diez raquetas si no vas a dar el callo.

Si no tienes veinte brazos mejor tener solo una raqueta para empezar.

Gánatelas primero y luego vemos si las necesitamos.

# 3 de noviembre

Mi hermano es un artista.

Échale un ojo en Instagram y no habrás perdido el tiempo (@j27sanzh).

Últimamente pienso en mi niñez, en varios factores.

En experiencias y educación.

Esto es cosa mía, para entender levemente por qué soy como soy.

Como te decía, pienso en cuando era un crío y ayer estuve pensando en cómo mi madre nos trataba.

A mi hermano y a mí.

Verás, nadie nace sabiendo ser padre y no sabes si lo has hecho medio bien hasta que tu hijo no es un tío de veintipico años.

Pero hay que improvisar, no hay un camino bueno; de hecho, no hay camino.

Lo mejor que se pueda y rezar.

Bueno pues mi madre, que tiene algunos defectos, pues es humana, tiene también una cosa —o tenía— a la hora de criarnos, que es la mejor que podría tener.

Ahora que miro en perspectiva, veo cómo mi madre nos educó a vista de pájaro.

Esto quiere decir que nos observaba, pero no nos sentíamos observados.

Que nos cuidaba y guiaba, pero no nos imponía.

Que nos dejaba a nuestras anchas, pero con todo el terreno bien controlado.

Nos hacía sentir que nosotros teníamos el control de nuestras decisiones mientras era ella la que nos ponía las opciones desde arriba.

Es decir, nos hacía, en cierto modo, sentir responsables de todo, y libres, sobre todo libres.

Y así nos hemos criado mi hermano y yo.

En un ambiente en el que si la cagábamos era nuestra responsabilidad, si lo hacíamos bien era mérito nuestro.

Decidíamos nosotros entre las variables que nos ponía nuestra madre en la sombra, lo cual nos ayudó a construir desde muy chicos un criterio que seguir.

En definitiva, nos hacía sentir libres, en todos los aspectos.

De decisión y acción, y de consecuencias y resultados.

Pero siempre protegidos.

Todo esto, por supuesto, cooperando con mi padre. Esto es gracias a los dos.

Ahora somos tíos de veintipico y mi madre puede estar contenta —y mi padre.

Porque, bajo nuestro criterio, lo ha hecho medio bien y eso ya es suficiente.

Solo tiene un defecto: y es que nos ha educado tan soñadores que no nos conformamos con una vida normal.

Algo malo debía tener.

O algo bueno, el tiempo lo dirá.

Sea como sea, échale un ojo a mi hermano, y entenderás mejor lo que te digo.

# 5 de noviembre

Ayer le encendí un porro a un crío.

Mi equipo y yo nos fuimos al campo a celebrar el cumple de una de nuestras amigas.

Nos colocamos en un sitio que estaba techado porque ponía lluvia y al lado teníamos a un grupo de chavales.

Los pibes.

Hasta ahí todo bien. El problema viene cuando un chaval viene, nos pide fuego y no sabe encender el mechero ni puede prender con el viento.

Le hago cazoleta, pero sigue sin poder y se lo encendí yo en su boca.

Es ahí cuando veo que lejos de ser marrón es verde.

Pero ya estaba encendido.

¿Edad del chaval? Dieciséis años creo.

¿Iré al infierno por esto?

Y por más cosas.

¿He perdido puntos kármicos?

Por todos los que he sumado.

El tiempo lo dirá.

Pero no vengo a hablarte de eso.

Vengo a hablarte de mi equipo: mi equipo es histórico.

Esto quiere decir que el que menos tiempo lleva con nosotros lleva diez años ya.

Media vida.

Los que más llevamos viéndonos el careto sumamos veinte años juntos.

Sabemos de qué pie cojeamos todos y hay que quererse mucho para seguir ahí.

No voy a entrar en detalles porque eso es nuestro. Sí voy a decir que me alegro de tener a la gente que tengo al lado.

Ayer mientras rodeábamos una candela y hablábamos de la vida y de cómo la complica cada uno a su gusto, yo pensaba en la magia del momento.

Porque el sentimiento es de magia.

Pero la verdad es que no hay magia.

Hay horas y conversaciones complicadas.

Hay momentos malos de los que hemos aprendido.

Hay momentos buenos que nos hacen seguir trabajando en nuestra relación.

Hay un camino detrás enorme en el que nos hemos visto crecer, avanzar y desarrollarnos como personas.

Nos hemos visto invencibles y nos hemos visto derrotados.

Nos hemos abierto el pecho todos delante de todos.

Y hay que tener mucha confianza y mucho amor para que eso se dé.

No digo que sea un camino de rosas.

Hablo de que cada uno está subiendo su montaña y en conjunto estamos escalando el Everest.

Y hay veces que nos paramos a mirar las vistas y disfrutar. Veces que tenemos que seguir solos mientras nos animan. Y veces en las que necesito caer y que me acompañen en la caída.

Hablo de familia. Porque a pesar de todo seguimos ahí, intentando lo mejor, aunque a veces no se consiga.

Si tu equipo no es así, cambia de equipo, si tus amigos no son tu familia dale una vuelta.

# 9 de noviembre

Mira el otro día tuve una conversación bastante chula con mi amigo Angelito.

Tengo muchas conversaciones chulas con él y te voy a contar una parte de una de ellas.

Veníamos hablando, en líneas generales, de que las personas raramente llegamos a conocernos profundamente y que, aun sabiendo dónde flaqueamos y dónde somos buenos por naturaleza, rara vez apostamos por mejorar eso en lo que somos buenos.

Tenemos la mentalidad de mejorar en lo que somos «malos» en lugar de potenciar y ser maestros de lo que somos buenos.

Te pongo un ejemplo muy simple en el que esto tiene sentido.

En el colegio, un sitio al que vas quieras o no quieras, tú tienes que aprobarlo todo.

Eso quiere decir que si sacas un ocho en literatura —porque te encanta leer y escribir, disfrutas aprendiendo de los mejores en ese campo y encima en tu rato libre es lo que haces— y un cinco en matemáticas:

¿A qué academia te apunta tu mamá?

¿A literatura para que seas mejor de lo que eres por naturaleza o a matemáticas?

Pero no es su culpa, es que el sistema es así.

Ahora te pongo ejemplos de cuándo esto no tiene sentido.

El tema es que, cuando somos mayores, conseguimos nuestro curro o tenemos ya nuestros estudios decididos.

Cuando tenemos nuestra vida medio clara y empezamos a hacer cosas por hacer.

El máster X porque hay demanda, aunque no me guste.

El deporte este, que me aburre, para hacer algo.

Etc.

Ya te digo, puede ser que no te conozcas o puede ser que no te reconozcas.

Es decir, que sepas en qué eres bueno y sigas creciendo en otras áreas que ni fu ni fa porque sí.

La conclusión a la que llegamos Angelito y yo es que, si hiciéramos actividades, si nos formáramos en aquellas áreas que nos hicieran ampliar nuestra zona de confort en direcciones acordes a nuestras habilidades naturales, seríamos imparables.

Es por eso por lo que he tomado una decisión y el lunes empiezo una cosa que puede ayudarme a expandir mis límites en la dirección que creo que soy bueno.

Pero esto te lo contaré el lunes. Hoy aún no.

Ya sabes, piensa en qué eres bueno por naturaleza y piensa si estás haciendo algo que te haga ser mejor aún.

Y si no, piensa por qué no.

Vaya, que te estés saboteando sin darte cuenta.

# 10 de noviembre

Mira, no me gusta hablar de política.

De hecho, no voy a hacerlo.

No; hoy quiero hablar de España, un nombre que por desgracia sí que se ha politizado.

Un nombre que nuestros «líderes» de turno, lleven la camiseta que lleven, no se cansan de manchar.

Y cuánto hemos aguantado, Dios mío.

Y hasta cuándo.

Vengo a hablar de España, esa tierra que parece condenada a estar dividida para siempre.

Entre rojos y azules.

Madrid o Barcelona.

Los que defienden unidad y los que defienden separación.

Estás conmigo o contra mí.

Este mes pasado he estado en muchos sitios, por suerte, de nuestro país.

Estuve merendando en un pueblo de Ciudad Real de camino a Salamanca.

Fui a Torrox y a Nerja en Málaga. Y a Zafarraya en Granada.

Me planté en Zaragoza y subí hasta Francia, parando por el camino en varios pueblos de Huesca.

Hoy me voy a Sevilla.

Y entre medias, mi vida en Córdoba.

España es mi casa.

He estado en todos eso sitios y en ninguno me sentí fuera del hogar.

España es estar hasta el cuello de mierda e hincharse a reír y a sacar sonrisas.

Es no tener ni *pa* pipas y echarse a cantar.

España es donde a nadie le falta para comer. Porque dos duros no le doy al que pide, pero siéntate y come lo que quieras, que pago yo.

España es ese pellizco que te da al ver a Rafa Nadal ganar en Francia, y eso que te la pela el tenis.

España es ir a cualquier sitio y hacer amigos.

Es arreglar el mundo desde un bar.

Es una mesa con un hueco vacío, por si viene alguien más.

Nuestra bandera no es la rojigualda, nuestra bandera es la coña, es ser un poco tramposos si podemos. Pero no me toques lo mío que te reviento.

No toques a los míos, que te reviento.

España está a caballo entre ser fullero y querer lo mejor.

Pero a querer mejor nadie nos gana.

Es un país de vacaciones. Sí, para el que no vive aquí y necesita descansar de su país.

Qué suerte tenemos nosotros, ¿no?

España es hacerse un manjar con pan y tomate, porque hemos sido más pobres que las ratas.

Pero que nadie nos quite la magia: nos basta muy poco para estar bien.

España es la cola de Europa, pero cuántos querrían ser españoles.

Si los catalanes y los andaluces nos sentáramos en un bar, duraría la independencia cinco minutos.

Qué pena que nos dejemos llevar por cuatro capullos de este y aqueste partido.

España son cuarenta millones de cosas, tantas como españoles.

Esos morenos «bajitos» fulleros que ríen y aman a rabiar, y que tanta envidia generan.

A ver cuándo seremos capaces de verlo nosotros.

Sueño con el día que venga el rojo de turno y diga: «¡¡¡pero esto y lo otro!!!».

Y respondamos: «que sí, que sí…».

Que venga el más facha y diga: «¡¡¡aquesto y lo de más allá!!!».

Y nosotros: «que sí, que sí…».

Que vengan a vendernos discursos de unión y de separación.

Y nosotros: «cierra, que se escapa el gato».

Porque si algo sabemos en este país es a tirar *palante* todos, codo con codo, porque nos odiamos, pero nos queremos.

Y sabemos el tesoro que tenemos.

Ni más ni menos que España.

Uno de los territorios más peleados de la historia.

# 12 de noviembre

Esta semana mi equipo y yo hemos vuelto a acabar en el extranjero.

¿Que por qué?

Porque tenemos la mecha más corta que la manga de un chaleco.

Resulta que ir a cenar a Sevilla y dar una vuelta, terminó en una visita exprés a Albufeira.

Portugal.

Durmiendo de menos por el jet lag.

La historia que te voy a contar hoy la viví de espectador.

No es mía. Mía es la reflexión.

He pedido permiso y por eso la voy a contar.

Atento.

Fuimos a cenar por las calles céntricas de Albufeira y después dimos una vuelta: allí no había nadie.

¿Qué esperabas? Era noviembre…

Nos estábamos yendo al piso, cabizbajos, cuando escuchamos música a lo lejos.

Sin dudarlo, decidimos acercarnos, ya sabes, por lo de la curiosidad, que mata a los gatos. Y poco faltó, para lo de los gatos digo, porque ahí sí que había gente.

Resulta que al principio de la noche estábamos en la calle equivocada. Esta calle sí que era la buena.

Una relaciones públicas nos enganchó en el primer garito de tres que había consecutivos y allí empezamos.

Risas con ingleses y cerveza.

Lo normal.

Creo.

Al cabo de un rato vamos al segundo garito y duramos dos minutos.

Olía raro y nos fuimos al tercero.

Aquí tiene lugar la magia.

Nada más entrar uno de mis colegas —se dice el pecado, pero no el pecador— se fijó en una chavala. Una rubita brasileña.

Lo de rubia se veía. Lo de brasileña lo sabríamos después.

Dijo textualmente: «hoy me voy con aquella».

Bien. Todos los escuchamos y nos pareció bien.

Lo veíamos complicado porque la jamba no paraba de subirse a la barra a bailar.

Lo cual hacía que tuviera a treinta y cuatro primates alrededor.

El 35.º primate, mi amigo, esperó pacientemente su turno.

Mientras tanto, más risas y más ingleses.

Y portugueses y holandeses.

Y brasileños.

Un crisol.

Hasta ahí bien.

Bueno, pues ya en altas horas de la madrugada, las 4 a. m. hora lusa, decidimos salir un rato a la puerta y a partir de ahí a la cama.

Había estado muy guapo el finde, pero ya no podíamos exprimirlo más.

Fue en ese momento fuera, cansados y callados, cuando se acerca la nena a mi colega, lo coge del brazo y empiezan a hablar.

La nena era la rubita que te decía al principio, la que dijo mi colega que quería conocer.

El desenlace es pacto entre caballeros.

A lo mejor lo intuyes o a lo mejor no. Eso no importa.

A lo que voy con esto es que el universo escucha.

Mi amigo lanzó su petición y esperó. Y el universo le dio la oportunidad.

Y creo que eso vale para todo y para siempre.

Por eso hay que tener cuidado con lo que deseamos, pues puede hacerse verdad.

También te digo que, si sabes lo que quieres, que lo pidas.

Que lo imagines como si ya lo tuvieras.

Y cuando lo consigas quiero que vengas aquí y me digas: «Jesús, tío, tenías razón».

Recuerda: visualiza constantemente aquello que deseas como si ya lo tuvieras y lo tendrás, es tan simple como poderoso.

Por muchos primates que haya delante de tuya: lo que es para ti, es para ti. No hay más.

# 13 de noviembre

Mira, el otro día, mientras mi equipo y yo andábamos por Albufeira, ya camino del piso, nos encontramos con tres ingleses. Al principio sin más, pero poco a poco nos fuimos echando unas risas y al final estuvimos media hora con ellos.

Te puedes imaginar.

Que si España mejor que Inglaterra.

Que si *fuck spanish people*.

Que si somos enemigos naturales.

Que si *Spain is a shit, only for holidays*.

Hasta que llegamos al punto común en el que ambos odiamos a los franceses y nos hicimos amigos.

Ya sabes, hombres muy hombres hablando de cosas patrióticas (...).

De los tres ingleses había uno muy grande que no paraba de hablar y cuyo nombre no recuerdo.

Lo llamaré Randy.

Pues ese día era el cumpleaños de Randy y quería que nos tomáramos una última copa todos juntos en un pub que cerraba a las 4 a. m. —faltaban veinte minuto—).

Fuimos con él con esa idea, aunque alguno no tenía ganas, pero ya que estamos en Portugal y es el cumple de Randy, ue menos que echar la última.

Bien, pues es cuando llegamos al bar cuando los otros dos amigos ingleses que no eran Randy se piran por la cara y no se despiden del chaval, al menos no como se despide uno de un amigo.

La despedida fue más bien como: «mmmmm... *bye*».

Claro, nosotros decíamos: «*quillo*, están dejando solo a su colega, con tres españoles que a saber de qué pie cojean, y ni lo esperan ni se despiden».

Vale.

Pues es ahí cuando Randy dice algo como:

«*Fuck them, they are not my friends, I do not know them*».

Que básicamente es que no tenía ni puta idea de quienes eran los otros dos chavales ingleses.

Y se echa a reír.

Resulta que Randy había ido a Portugal con su novia, su novia estaba cansada y se quedó durmiendo y el pavo, cogió y se bajó para la calle, se buscó un par de ingleses y se montó la fiesta de cumpleaños.

Y si nos llega a pillar a nosotros antes, montamos la fiesta todos juntos.

A mí lo que me flipa de Randy es su capacidad de hacer amigos.

Ese pavo por un momento había juntado a siete personas aleatorias con las que tomarse algo.

Sin vergüenza por la vida.

Hablando y riendo, y bebiendo —algo que los ingleses hacen mucho, reír, digo—.

Y, aunque el contexto de fiesta y tal a mí me la pela, sí que me quedo con la idea de querer hacer algo y empezar a reclutar gente que quiera hacer lo mismo.

Con esa figura de cohesionador.

Espero que Randy esté bien y se fuera a dormir con su novia pronto.

Gracias por la lección, colgado.

# 15 de noviembre

El otro día fui a mi primera clase de actuación.

Esto está bien porque el cuerpo me pide salir de mi zona de confort y he decidido que esa es una de las formas en la que quiero romper con la comodidad.

Las razones te las di el otro día, recuerda, con lo de potenciar dones naturales, lo que hablaba con Ángel el 9 de noviembre.

Hoy quiero hablarte de otra cosa.

De eso de hacer lo que uno sabe que tiene que hacer, aunque no tengas ganas, aunque no tenga recursos, aunque tenga miedo.

El lunes estaba nervioso y no tenía las mejores cartas.

Había sido un día de los malos en el curro, estaba bastante cansado del viaje que hice el finde (Sevilla, Portugal y tal), la clase empezaba bastante tarde, no conocía a los compañeros ni conocía el ambiente, etc.

En general no me sentía bien.

Cuando llego a clase veo a once personas y a la profesora, todos con un buen rollo increíble y con cierta confianza, pues el curso llevaba un mes empezado y ya tenían cierto recorrido juntos.

Es decir, que a todos los hechos que enumeraba antes, se le suma que yo era el nuevo y que todos de una forma u otra ya habían actuado unos delante de otros.

La profesora me mira y después de hacerme un par de preguntas se dirige a la clase y dice: «hoy tenemos clase de improvisación».

Yo en ese momento me planteo dos opciones:

1) Acepto el día de mierda que llevo, intento hacer el menor ruido posible, paso lo más desapercibido que pueda y, por favor, que acabe ya la clase y la semana que viene será otro día.

2) Acepto el día de mierda que llevo, aparco mi ruido a un lado, me centro en esto que tengo delante porque es un área que quiero y tengo que explorar para crecer en la dirección que quiero hacerlo, olvido que soy el nuevo y actúo lo mejor que sé, improviso lo mejor que puedo con lo que tengo y doy el máximo.

A estas alturas supongo que sabes cuál opción escogí.
Y disfruté como un nene chico.

La reflexión que saco de esto es que yo quiero salir de la zona de confort y, sin embargo, esperaba llegar a mi primera clase de actuación en las mejores condiciones posibles: seguro de mí mismo, contento con el día, satisfecho con el trabajo…

Pues no, hay veces que las mejores circunstancias no se dan; de hecho, lo más normal es que no se den.

En ese caso me prometo hacer siempre lo que hice el otro día:

Improvisar lo mejor que pueda con las herramientas que tenga a mi alcance.

Y si tengo miedo, pues con miedo.

Y si estoy cansado, pues con cansancio.

Y si estoy inseguro, pues con toda la inseguridad del mundo.

Con las peores cartas jamás repartidas, pero me siento y juego.

Porque el factor clave aquí no son las cartas, es el jugador.

Y sabiendo dónde quiero ir no pienso parar.

Y sabiendo que quiero romper mi zona de confort: ¿cómo voy a ser tan necio de esperar a estar cómodo para enfrentarme a lo que me incomoda?

Uno crece cuando hace lo que tiene que hacer, aunque no quiera y aunque no sepa cómo.

Ayer leí en un sobre de azúcar de esos que te motivan mientras echas al café:

«La mente que se atreve a aprender cosas nuevas jamás vuelve a su tamaño original».

Y en esas ando: expandiéndome.

Entonces, ¡¡haz lo que sabes que tienes que hacer sin importar las circunstancias, a la larga lo agradecerás!!

# 16 de noviembre

Ayer, tío, por problemas que surgen y temas de la vida, recibí una notificación de Hacienda.

Para justificar la beca de estudios que me dieron para pasar el año 2018 en Málaga —recuerda, soy de Córdoba, pero viví cinco años en Málaga.

No pasa nada. Todo en orden.

Esto es porque la casera que tuvimos mi gente y yo en Málaga ese año es una puta cafre.

Como digo, yo he justificado lo que tenía que justificar con el único problema de haber perdido un par de horas de mi tiempo.

Cosas de adultos, supongo.

Caseras brujas aparte, lo que hoy sí quiero contarte y me acordé ayer a raíz de esto, es de cómo mi gente de Málaga y yo buscábamos piso por aquel entonces.

En especial Javi y yo, que lo hicimos varias veces en los años que vivimos allí.

Te cuento.

En Málaga, en esos años, 2015 para adelante, pasaba una cosa.

Y es que cada vez había más estudiantes, la mayoría de las facultades estaban aglutinadas en el mismo barrio y el número de pisos no crecía.

Eso quería decir que cada vez éramos más y, o te movías y pillabas un piso, o estudiabas debajo de un puente el siguiente curso.

Eso o irte a un barrio a una hora de la facultad.

Así que lo del puente era lo más factible.

Bien.

¿Dónde buscaba la mayoría? En Idealista y cosas así, donde solo quedaba la chusta.

¿Qué más se podía hacer? Ir a una inmobiliaria y prepararte para que se queden hasta con las pelusas de la cartera.

Si ya Málaga era cara, imagínate con comisionistas de por medio.

¿Qué hacíamos mi gente y yo, sobre todo Javi y yo?

Para marzo/abril, echábamos a andar y buscábamos a puerta fría.

Literalmente nos pateábamos el barrio llamando a porterillos aleatorios para que nos abrieran la urbanización.

Y una vez dentro, puerta a puerta. Preguntando si alquilaban o sabían de algún vecino que alquilara.

Mira, nos encontramos de todo.

Gente que pasaba de nosotros.

Gente que nos ayudaba.

Gente que nos miraba con miedo, como si fuéramos a entrar a robar o vete a saber qué.

Gente que nos miraba con asco, como si estuviéramos ahí jodiendo porque sí.

Gente que nos daba su número y gente que nos cerraba la puerta.

Gente que huía por si queríamos vender algo.

Gente que se veía y escuchaba al otro lado de la puerta mientras nos miraba por la mirilla, pero no nos abría y hacía como si no estuviera.

De todo.

El crisol de las rarezas humanas y mucho más.

Bien.

Pues era de esa forma como mis *compas* y yo, que éramos más pobres que las ratas, encontrábamos las mejores oportunidades.

Los pisos guais que jamás se llegaban a poner en portales inmobiliarios porque pasaban de un grupo a otro, entre amigos, sin salir jamás en los medios.

Los pisos baratos en mitad de la «milla de oro» de Málaga —Teatinos. Hoy inaccesible si no eres neurocirujano.

Con esto quiero decirte que hay que mover el culo.

Que si quieres peces buenos hay que mojarse, porque no van a ir a ti.

Que el logro que quieres conseguir, todas tus metas y todos tus objetivos, están al otro lado del esfuerzo.

De moverse.

De ser flexible y actuar con inteligencia.

Pero, sobre todo, actuar y actuar. Moverse y removerse.

Y no parar hasta que consigas lo que quieres: no hay magia aquí, hay constancia y movimiento.

# 19 de noviembre

Hoy te escribo desde las nubes.

Entiéndeme, muchas veces estoy en las nubes, en mi puto mundo.

Pero hoy es verdad, hoy escribo desde un avión.

Y eso tiene mérito.

Tiene mérito porque me da bastante miedo volar.

Lo cual también es curioso.

Te cuento por qué.

Mira, a estas alturas vas viendo de qué pie cojeo, me vas conociendo.

Y sabrás que espero mucho de la vida y que intento mejorarla un uno por ciento cada día que pasa.

Parte de esa vida que me flipa tiene que ver con viajar.

Viajar mucho.

Conocer muchos lugares y mucha gente y muchas cosas.

Bien.

Pues Dios da pan a quien no tiene dientes.

Y a mí me dijo: «chaval, vas a tener que ver todo el mundo, peeeeero, también vas a tener miedo a volar».

*Fuck.*

Es lo que hay, coño. Supongo.

Lo único bueno de esto es que, a pesar del miedo, aquí ando, a no sé cuántos pies de mi querido suelo.

Por cierto, ¿soy el único que se imagina 10000 pies humanos uno encima del otro formando una torre de pies cuando escucha la frase: a 10000 pies de altura?

Ayer tuvimos una conversación mis amigos y yo.

Vaya cambio de tercio, ¿no?

Atiende.

El que contaba sus cosas era mi amigo Alberto, los demás escuchábamos.

Mi amigo Alberto tiene una pasión enorme, casi tanto como el reto que le supone llegar a donde quiere llegar.

Y para mí es una inspiración.

Una inspiración porque él a veces tiene miedo, tiene inseguridades.

A veces las niega, pero para mí es tan transparente que no puede engañarme.

Y lo que me inspira tanto de él es que, a pesar de sus propias barreras, tira *palante*.

Día a día un uno por ciento más.

Está poniendo una cantidad enorme de energía y le va a volver recompensada por un millón.

Él a veces lo duda, pero desde la barrera que es desde donde yo lo miro, veo su futuro. Y es increíble.

Mi colega será de los mejores en lo suyo.

Y yo veré el mundo entero y conoceré todo lo que tenga que conocer.

Llevaré mi mensaje a donde tenga que llevarlo.

Y todo eso lo haremos a pesar del miedo.

Y cada uno en su pico, cada uno en su montaña, nos veremos en la cima.

Un abrazo desde el cielo en no sé qué kilómetro desde Málaga a Ámsterdam.

El miedo es solo una barrera mental puesta por tu cerebro para que no te atrevas a hacer algo que no conoces o no controlas.

Pero pasa una cosa: que todo lo que mola está al otro lado del miedo.

¿Qué vas a hacer tú a partir de ahora?

¿Actuar con miedo o no actuar?

Elige bien.

# 26 de noviembre

Ya estoy en casa, ya dormí en casa.

Ya en España.

Hoy estoy contento.

Por varios motivos.

Y el primero es que siempre es un gustazo volver a casa.

Por mucho que haya disfrutado del viaje, la verdad es que Ámsterdam es un lugar idílico.

El otro día desde un mirador que hay en un edificio superalto, me quedé embobado varias horas mirando por la ventana como si fuera una TV de un solo canal.

Fue uno de los momentos más guais de todos los que viví allí.

Y eso que mi churri y yo nos drogamos un par de veces.

No nos juzgues, allí es legal.

Bueno, pues desde ahí arriba y mientras mi nena fundía la batería de mi iPhone echándose mil quinientas millones de fotos —*pa* exagerado, un andaluz—, yo pensaba.

La altura con respecto a todo, esa visión panorámica, la belleza del momento y la distancia con mi hogar crearon un momento muy reflexivo.

Y traigo ideas nuevas, traigo algún enfoque nuevo y cosas nuevas que quiero cambiar y probar.

La segunda cosa es que hoy empiezo una formación con un chico que me gusta mucho. Un chico que empezó desde un nivel similar al mío y que está a un nivel al que yo quiero llegar.

Está donde yo quiero ir.

Por eso me he metido en su formación, porque la mejor forma de llegar a donde quieres llegar es rodearte de aquellos que están donde quieres estar.

Os iré contando más sobre este período de tres meses que empieza hoy.

Te decía que estaba muy contento hoy:

Primero, porque en este viaje he tenido la oportunidad de mirar para adentro y poder seguir pintando el camino a recorrer.

Segundo, porque también estoy mirando afuera, a aquellos que van por delante en ese camino y que me ayudarán a recorrerlo.

# 27 de noviembre

Hay dos cosas que me gustaron mucho de Ámsterdam.

La primera es que todo el mundo va en bici —ya sabes que yo sigo teniendo quince años y que voy en bici a todos lados.

Desde fuera es un caos, por lo menos al principio.

Todos los carriles bici que hay, la falta de señalización y los miles de ciclistas yendo a toda leche por todos lados.

Después de unos días allí te das cuenta del orden y de la armonía que llevan.

Van a todo lo que da la bici. No se paran para nada. Cambian de carril como les sale del cipote.

Pero allí, todo el mundo va fluyendo y ni voces, ni atascos, ni accidentes, ni nada.

Pura orquesta ciclista.

Lo segundo que más me gusta es que mires donde mires, hay arte.

Se disfruta solo mirando.

Paseando y observando.

Hay decenas de museos y todos tienen su esencia.

Hay formas increíbles, combinaciones de colores muy gustosas a la vista.

Y originalidad.

Estando allí, había veces que no había un orden urbanístico claro, más bien cada arquitecto, a su puta bola, había diseñado el edificio que le molaba sin pensar en el vecino.

Pero todo junto parecía una gran obra de arte.

De estas dos cosas aprendo, de cada una, su lección.

De la primera, de los ciclistas, que van donde les sale de los cojones a cualquier hora y momento.

Y que se la pelan las circunstancias.

Allí había bicis con cielo despejado, sol y quince grados.

Y allí había bicis lloviendo, de noche y a tres grados.

El mal tiempo no les condiciona y eso mola.

De lo segundo, aprendo que quiero disfrutar de mi vida simplemente observando.

Que mire donde mire haya arte.

Estoy construyendo una vida bonita de mirar. Hay cosas que parecen aleatorias, chulas en sí mismas pero que, *a priori*, no respetan un orden.

Eso sí, todas juntas, a su tiempo, formarán una gran obra de arte.

# 29 de noviembre

El otro día te contaba que fui al techo de Ámsterdam. Que experimenté reflexiones bastante profundas acerca de mí y de mi vida.

Mi churri y yo nos pegamos seis o siete horas ahí arriba mirando por la ventana y nos faltaron horas.

Aquella vista era magnética. Realmente te atrapaba.

Además, era un mirador de trescientos sesenta grados, por lo que, anduvieses por donde anduvieses, te dabas de boca con un horizonte holandés de puta madre.

Bien.

Pues en esas seis o siete horas que eché allí arriba hice básicamente tres cosas:

1) Echar fotos
2) Comer
3) Pensar

El lugar invitaba a reflexionar. Y lo aproveché.

Le di vueltas a varios asuntos, planté un par de semillas en mi cabeza y uno de esos pensamientos floreció ayer.

Si te fijaste en mi historia de ayer, en Instagram (@jesussanzzzz), he puesto a la venta mi primer texto en formato físico.

Es decir, una carta/boletín/revista que te mando a tu casa. Algo material que recibes en tu buzón, que podrás leer y tener en tus propias manos y con espacio reservado para que puedas escribir tu propia historia.

Ya iré desvelando más detalles.

Pero aquí no quiero venderte esto. Por aquí no.

Aquí de lo que te hablo hoy es de tomar acción.

Mira, he dibujado dos escenarios posibles. Dos extremos.

Escenario *más mejor*: a diez personas les parece guay y me encargan su copia.

Escenario *más peor*: nadie llama a mi puerta.

Adivina cuál escenario tengo ya a día de hoy y por eso busco crear el otro.

Efectivamente, el peor escenario es seguir como estaba.

Miento.

No ganar ni un solo cliente, pero ganar experiencia de cómo no hacer las cosas.

Fue en ese mirador de Ámsterdam donde decidí que tengo que empezar a moverme. Y que, si algún día quiero dedicarme a ser escritor de verdad, llegar a vivir de lo que escribo, tengo que empezar a tomar este tipo de acciones.

Ese algún día hipotético tiene un primer día y fue ayer.

No sé si faltan cuatrocientos días o un millón.

Pero sí sé una cosa: no voy a parar.

Espero que esto te inspire a ti, que me estás leyendo.

A ti, que también tienes tu sueño y solo tú sabes cuánto llevas recorrido.

Espero que te inspire si estás atascado ahora en algún escalón.

Siempre hay una forma de empezar a avanzar.

Busca un sitio alto desde el que mirar, toma aire y distancia con todo, y deja que tu mente fluya.

Ya verás como tu cabeza se vuelve una fábrica de ideas.

# 30 de noviembre

Esto que te voy a contar hoy pasó en Málaga, hace ya ocho años.

Lastimosamente, ya ha pasado todo ese tiempo.

Era el invierno de 2015 y uno de mis tobillos decidió hincharse un poco.

En esa época yo jugaba bastante a fútbol con los de la carrera y supuse que en algún momento me lo pisarían o me lo doblaría.

No le di mucha importancia.

Pasaron un par de días y eso no estaba morado, por lo que no podría ser un pisotón.

De hecho, estaba más grande y rodeaba el tobillo entero por igual, por lo que tampoco podía ser un esguince.

La cosa se puso seria cuando me empezó a doler al caminar.

Y se complicó del todo cuando el otro tobillo se unió a la *party*.

Así que iba por la vida con los dos tobillos hinchados, sin poder andar sin que me doliera, y encima, con la tontería de tener dieciocho años, intentando disimular andando medio bien y rabiando de dolor.

Recuerdo una mañana de diciembre, sobre las 7 a. m., saliendo de la residencia universitaria donde vivía, donde me di la vuelta y no fui a clase. No podía andar ni medio metro.

Ese mismo día fui al médico. Allí en Málaga.

Era la primera vez que iba solo al médico y estaba un poco nervioso.

Me atendieron en una consulta una señora de unos cincuenta años y un chaval de unos veinticinco.

¿Comentarios de la señora?

«Jesús, vete ahora mismo al hospital, tienes una infección de la sangre. Es grave, ve ya».

Yo ya me veía muriendo solo en una camita del Clínico de Málaga.

O en el Carlos Haya.

Donde sea, pero sólo y entre terribles sufrimientos.

No me fui para el hospital. Me fui para Córdoba.

Elegí morir en mi barrio.

Ya en Córdoba y viendo que mis padres no me dejaban morir ni en el barrio ni en ningún sitio, empezaron a hacerme pruebas en el hospital. En urgencias.

Todo esto, sin poder andar, recuerda.

Al par de días estaban listos los resultados y fui a mi médico de «confianza» —no confío en los médicos, piensa de mí lo que quieras—.

Realmente, el pibe no tenía claro lo que me pasaba.

Se habló de artrosis, de retención de líquidos, de infección de la sangre, de muerte inminente…

Lo único que me dijo es que no hiciera ningún tipo de deporte. Reposo absoluto.

Y para Málaga de vuelta.

¿Sabes qué hice yo?

¿Literal, el primer día en Málaga?

Pues ir al gimnasio.

Ja, ja —que rebelde—.

Estuve una semana haciendo ejercicios de movilidad en las piernas, centrado en los tobillos.

A la semana siguiente ya metí ejercicios de todo el cuerpo. Y empecé a andar sin dolor.

A las dos semanas empezó a bajar la inflamación.

Y a las 3 semanas empecé a correr de nuevo.

Ni inflamación, ni dolor.

Ni medicamentos.

Artrosis no era, por lo menos por ahora.

Infección de sangre ni idea.

Retención de líquidos seguro que sí; la causa, Dios sabe.

Muerte inminente a la vista está que no.

No sabré nunca lo que me pasó, pero sólo me dijeron una cosa:

Reposo absoluto.

Y mi cuerpo pidiendo salsa, y mi alma gritando: «¡¡haz deporte!!».

«¡¡Esto se quita con deporte!!».

Mira, hoy te cuento esto, para hilarlo con lo siguiente.

Lo que hice seguramente no te parecerá responsable.

Contradecir a una autoridad médica.

Pero que hice bien, lo tengo seguro.

Porque a la vista está que lo que me pedía el cuerpo es lo que funcionó y eso que era justo lo contrario a lo que me dijo el médico.

Escuchar a mi alma es lo que me salvó de morir en Málaga solo y/o de quedarme en la cama tirado, en exámenes.

Hay veces que tenemos que saltar por alto las opiniones de los demás y hacer lo que nos pide el cuerpo.

Dejar de escuchar fuera y seguir nuestra intuición.

Lo que nos dicen las tripas.

No te lo apliques al tema salud porque yo te lo haya dicho, vaya a ser que te mueras y me eches la culpa a mí. Yo te digo que lo hice y me funcionó.

Pero para el resto de temas de la vida, no lo dudes: lo que te pida el cuerpo y *palante*.

Digan lo que digan, el que va a sufrir las consecuencias de tus actos eres tú.

Así que haz lo que te grite el alma.

# 3 de diciembre

Tengo unos amigos que valen oro.

Mira, yo tengo gente al lado que me conoce mejor que yo mismo.

Gente con la que llevo años y años, e historias e historias.

Una vida entera compartida, casi.

Tengo al lado personas con las que me daban las ocho de la mañana bebiendo y fumando.

Y ahora el sol nos pilla charlando de la vida, simplemente. Hemos crecido.

Tengo un equipo que se escucha sin juicio. Con todo el cariño del mundo. Y que decimos lo que tenemos que decir, aunque duela, de la mejor manera posible.

Porque nuestro objetivo es ayudar al que tenemos al lado. Intentar hacerle ver cosas que quizás no está viendo.

Intentando ayudar a mejorar la vida de nuestro compadre.

No sé si has visto la película *300*.

La de los espartanos superfuertes.

No es que mis amigos y yo estemos así de fuertes, algún día alguno sí lo estará, pero no va por ahí.

Pero sí hay un momento en la peli que explican que no todo espartano puede ser militar. Es necesario cumplir con una altura.

Porque el éxito de la falange espartana reside en que el escudo que llevo yo, protege al espartano de mi izquierda. Y deja la mano derecha libre para atacar.

Es el de tu derecha el que cuida de ti. Mientras tú cuidas al de tu izquierda.

Llámame flipado, pero así me siento yo con mi gente.

Y eso no se consigue porque sí. Eso no es suerte.

Eso es pasar por mil movidas y muchas conversaciones complicadas.

Esto va de conocerse y de establecer límites.

De crear, mantener y volver a crear sinergias.

De querer lo mejor para el otro.

Y esa es mi gran suerte en la vida.

Si tu equipo no es así, cambia de equipo.

Por lo menos párate a pensar, dale una vuelta. Puedes sorprenderte.

# 4 de diciembre

Muchos días, a veces con una idea ya en mente y otros no, me levanto y me pongo a escribir este mensaje.

La mayoría de las veces me sale del tirón e improvisado sin problema ninguno.

Sin embargo, hay algunos días, que me levanto y no sé muy bien qué decir.

No sé sobre lo que escribir.

Y eso me pasa hoy, por ejemplo.

Pero como no quiero parar, yo tengo un truco.

Es muy sencillo, pero funciona siempre.

Y vale para todo en la vida. Para todo y para siempre.

Y es EMPEZAR.

Cuando empiezo por la primera palabra mi mente se inventa todas las demás.

Crea la historia y, a veces, cuando termino, yo soy el primer sorprendido en decir:

«Tío, entre el sueño que tengo hoy, que no sabía qué carajo decir, que llevo sentado con el café media hora reflexionando… pues al final ha salido algo medio guapo».

Pues sí.

Otros días estoy cansado del curro, o hace frío, o llueve a mares.

Es la hora del gimnasio y las ganas son cercanas a cero.

Mi cabeza empieza a buscar mil excusas, mil explicaciones a por qué es mejor no ir que ir.

Pero, como sé lo que quiero, mientras mi mente fabrica ruido yo me pongo el chándal.

Y antes de darme cuenta estoy en la bici camino del *gym*.

Y, como te digo, hay veces que me sorprendo, porque algunos días voy bostezando en la bici y días, como la semana pasada, que está lloviendo como si estuviera en la ducha.

Gracias a Dios soy impermeable.

Pero como lo difícil era EMPEZAR la rutina y lo hice enfundándome el chándal, ya nadie me para.

Con esto te digo que muchos días, puede que más de los que quisieras, tendrás muchísimas excusas que intenten frenarte.

Tu cerebro hará lo que sea para que te quedes calentito en el sofá. O durmiendo más en la cama. Blandita y calentita.

Pero que si rompes la enorme resistencia de EMPEZAR puedes romper cualquier barrera.

Y puede que un día seas tú el primer sorprendido en darte cuenta de lo lejos que has llegado. Y todo el esfuerzo habrá merecido la pena.

# 6 de diciembre

Ayer, después de un tiempo dándole vueltas, volví a pegarme con un tío.

Sin malos rollos y todo legal. Calma.

Me metí en un entrenamiento de *kickboxing*.

Mira, yo he boxeado. Si juntamos todo el tiempo que he boxeado, serán un par de años o así.

Entre idas y venidas.

He boxeado en Córdoba, con el Aspi, y en Málaga, con el Ríos.

Que a ti esto te la pela, pero es la introducción.

La conclusión es que me he metido a *kickboxing* y saco varias cosas de mi primer día.

Lo primero de todo es lo que más me gusta de los deportes de contacto en general.

Y es la concentración.

Todos los movimientos son tan rápidos que a la mínima que te despistes, a la mínima que bajes las manos, te llevas un guantazo en toda la cara.

O te hunden el hígado.

Durante toda la sesión tienes que estar muy concentrado.

Si luego este nivel de concentración lo aplicas a todo en la vida eres un máquina.

Lo segundo es lo exigente que es. Estás una hora y media sin parar. Con las pulsaciones muy altas, con la respiración muy agitada, con un cacharro en la boca que te protege los dientes, pero ¿a qué costo?, Porque entra menos aire aún del que ya no estás pudiendo respirar.

Muy poco descanso, y encima ese poco descanso es para escuchar. Al entrenador y al equipo. No para tumbarte y dormirte. No para quejarte.

Escuchar, entender, hacer. Ritmo alto.

Lo tercero que más me gusta, y esto ya es personal, es que llevaba tiempo pensándolo y no sé qué me frenaba.

Pero ya lo hice.

Ya fui y ya estoy dentro.

Lo que decía el otro día: lo más complicado es empezar.

Una vez dentro ya solo tienes que seguir. Y seguir. Y seguir.

Como *feedback* de la clase, palabras del maestro:

«Te veo muy suelto de manos, pero mete una patada de vez en cuando y te vas soltando de piernas también; esto es *kickboxing* no boxeo».

Como pez fuera del agua.

Tengo trabajo por delante.

¿Qué quieres hacer TÚ y no estás haciendo?

¿Has pensado el motivo que te IMPIDE actuar?

Acércate a mí —@jesussanzzzz en Instagram—, puede que pueda inspirarte.

# 7 de diciembre

El otro día, el domingo, iba desde el gimnasio hacia casa de mi abuela.

Ya te he hablado antes del barrio de mi abuela. De lo complicado que es.

Es un barrio de mercadillo lo sábados, donde venden, entre otras cosas, objetos «perdidos».

Donde hay gente que llega a un portal, pega patadas a una puerta y vive de okupa.

Y gente con menos todavía, gente que la patada se la pegan a la puerta de un local, o hacen el agujero a martillazo limpio.

Al nivel mismo de la calle.

Bien.

Pues el otro día, como te digo, fui a comer a casa de mi abuela, y ya en el barrio, a cien metros de su casa, se abrió la puerta de uno de estos locales okupas.

Salió una chiquilla de cuatro o cinco años que me llegaba por la rodilla, arrastrando una bolsa de basura más grande que ella.

Salió tan rápido y tan a su bola del agujero en el que vive, que cuando me vio se asustó.

Yo frené un poco para dejarle su espacio y que estuviera cómoda.

Pero no le quité el ojo de encima, pensando: «los contenedores están bastante lejos, vaya que no pueda con la bolsa luego, además están justo en la carretera, vaya que se caiga o que le dé por cruzar, además es un barrio jodido, vaya que alguien le haga algo…».

Pues así fui yo los dos minutos detrás de la niña, velando lo que pude por su seguridad.

Se apañó de puta madre sola y volvió a su agujero.

Y sentí lástima por ella, de verdad.

Y pensé que ojalá no tuviera que pasar por ello.

Por esa situación tan fea de vivir en ese sitio tan feo.

También pensé en que, tristemente, hay muchísimos niños de esa edad en esas condiciones por allí, con padres de mi quinta e incluso más jóvenes, que tomaron muy malas decisiones.

Y ahora las sufren otras personas, otras personas que no llegan a los diez años aún.

Pensé que ojalá tuviera medios para acabar con eso de un plumazo.

Ojalá tantísimo dinero como para sacar a esa chiquilla y al resto de ahí, y cuidarlos a todos como se merecen.

Pero no puedo ni hacer eso ni volver al pasado y decirles a los padres del año que piensen un poco, que espabilen, que curren y se ganen la vida bien.

Que tengan dos huevos para tener hijos pero que los tengan también para darles una buena vida.

No puedo hacer eso.

Pero sí puedo hacer todo lo que está en mi mano para no llegar jamás a esa situación.

Y más. Mucho más.

Que no le falte nada nunca a mi familia. Quitar a mis padres de currar. Comprarles una casa de puta madre. Tener dinero para que todos los míos tengamos un pedazo de vida.

Y tener tanto dinero que me sobre para ayudar a los demás, a todos los que pueda.

Eso es parte de mi sueño y sé que algún día será así.

Mientras tanto, apretaré los dientes y seguiré currando. Y velando por los que me preocupan a una distancia prudente, para que se sientan cómodos, en cuanto a su propio espacio digo.

# 10 de diciembre

Hoy te escribo desde un bus de línea. Desde el 5. Que va desde el barrio de mi chica hasta el mío.

Es domingo y hace frío, ya hay luz. He dormido muy poco, pero tengo cosas importantes que hacer.

Me levanto reventado y voy a la parada.

En esos dos minutos que espero a que pase el bus me callo y observo.

Observo que tengo sueño pero que tengo cosas importantes que hacer.

Observo cómo choca el sol contra los edificios.

Observo cómo las enormes avenidas del aeropuerto y Vallellano están vacías.

Córdoba duerme y yo aquí de pie. Con sueño y frío y observando que tengo sueño y frío.

En ese momento me viene a la cabeza la frase de mi colega Manuel.

Una frase que repite mucho y que significa mucho también.

Y cuya filosofía comparto: «dame un año».

Es la frase. El mantra.

Dame un año te lo dice hoy. Pero también mañana.

Te lo dijo hace un mes y te lo dirá el que viene.

Y no, no es que mi colega se la pase tirado en el sofá.

Es que mi colega no se quiere poner techo.

Su límite es móvil y su mejor versión siempre está a un año vista.

SIEMPRE.

¿Dónde estará este pibe si sigue así en un año?

¿Y después de un año desde ese momento?

Este tío no va a parar y yo tampoco, y esa frase también me la hago mía.

La aprendo de él.

Y la aplico.

Y sí, es domingo, hace frío, tengo sueño y las calles están vacías.

Pero tengo cosas importantes que hacer.

Tú solo dame un año.

# 12 de diciembre

He decidido dejar la actuación. Y antes de contarte por qué la dejo te contaré por qué entré.

La primera razón es por un pellizco que tenía desde hace años. Sentía algo dentro que me empujaba a ser actor.

La segunda razón es porque tenía la necesidad de salir de mi zona de confort. Enfrentarme a algo nuevo y conocer gente por el camino. Y que ese algo estuviera alineado con mis dones naturales.

La tercera razón es porque mejoraría mi forma de hablar y moverme delante de una cámara y me ayudaría con mi proyecto.

Bien.

Pues después de un mes yendo a clase, este finde le di unas pocas vueltas —porque no me sienta bien dejar algo, me duele abandonar y eso es problema mío— y ayer ya no fui a clase.

Resulta que, efectivamente, salí de mi zona de confort y, efectivamente, conocí a gente guay.

Pero la realidad es que desde el día uno, a pesar de pasar un buen rato y de estar cómodo, mi alma me gritaba: «este no es el sitio».

Lo cual me jodía porque me lo pasaba bien y había gente chula. Llevaba mucho tiempo queriendo probar. No entendía cómo me pasaba eso.

Pero me pasaba.

Ahora interpreto que no hay nada que interpretar.

Si no es ahí, no es ahí y cualquier minuto echado de más sería tiempo perdido.

Además, no me ayudará con mi proyecto.

Parece obvio, pero ser actor es hacer de cualquier cosa menos de ti mismo. Y yo estoy en un momento de mi vida en que lo que quiero es descubrirme todo lo posible, y entenderme bien.

Por lo que hacer de otros de poco me va a ayudar.

El único papel que quiero interpretar es el mío.

Visto todo esto, recojo mis bártulos y me voy.

No me hace gracia dejar las cosas así. Pero mi alma me lo gritó.

No debo atender a distracciones. No quiero dedicar tiempo a lo que no me aporte de la manera que quiero que me aporte.

Y no quiero crecer en ninguna dirección que no sea esta. Lo demás es perder el tiempo y mejor darse cuenta lo más pronto posible.

Por lo de que la vida pasa y tal.

# 17 de diciembre

Te escribo desde mi cuarto. Con la persiana un poco levantada, pero está oscuro. El radiador a mi lado y yo sentado en la silla, con las piernas estiradas sobre la cama y arropadas. Y con un pie tocando a mi chavala, que sigue durmiendo. Simplemente en silencio y en paz. Disfrutando del momento e intentando congelar el tiempo. Y queriendo escribir sobre ello.

En un rato habrá que espabilarse, iré al *gym*, tengo que montar el nuevo vídeo… hay que hacer cosas. Cosas importantes que requieren esfuerzo físico y mental.

Y mañana vuelta a la jungla del curro.

Pero ahora, ahora paz.

Y la atesoro.

Porque es lo único que podemos hacer cuando llega.

Estirarse con tu café, mirar a tu nena y respirar tranquilo.

Y no escuchar NADA.

Y pensar en TODO.

Lo quiero TODO.

Pero sin prisa, mejor con ganas.

Sin agobio, mejor con organización.

Sin miedo, mejor con los ojos bien abiertos y atento.

Y sin arrepentirse, aprendiendo de cada cosa que se cruce en mi camino.

Todo lo que quiero ya es mío, solo tengo que alargar el brazo y cogerlo.

Estoy en ello.

# 19 de diciembre

Hace un año las cosas iban regular.

Mi abuelo estaba muy malito y contábamos los días, que se hacían muy largos en el hospital.

Sobre todo, para mi madre y mi tía.

Mi abuela se recuperaba de un momento bastante chungo también.

Entre todo ese barullo yo saqué una web que no vio nadie.

Cero personas.

Además, acababa de «recuperarme» de una lesión muy tocha en los *isquios*, la parte de atrás de la pierna, que me dejó sin andar sin dolor bastantes semanas, y me había alejado del gimnasio unos tres meses —ya te he hablado de esta lesión, pero aún no te he contado como coño me la hice; te lo contaré, tranqui—.

Por lo que mi estado físico era regulero y mi energía, muy bajita.

Todo esto fue un buen *mix*. Y recuerdo diciembre del año 2022 como una etapa un poco triste.

Yo me sentía triste de verdad y pensé en encontrar alguna forma de desconectar.

No quería drogas, ni alcohol, ni nada de eso, así que pensé que podría recurrir a los videojuegos.

Nunca fui de jugar a la consola, yo me pasaba las horas en la calle, siempre.

Pero necesitaba desconectar de mi propia vida y enchufarme a cualquier máquina un par de horas al día, especialmente por la noche, podría ser una buena idea.

Así que eché cuentas y elegí una.

Pero antes de comprármela se lo comenté a mis colegas de una manera muy sutil.

Del palo de: «a lo mejor me compro X».

Y allí nadie dijo nada, ya ves tú, si quieres X pues dale caña.

Menos Alex —recuerda, el culturista, el tercero que más gritaba y más músculos tenía en aquel viaje a Salamanca—.

Mi amigo Alex me preguntó que para qué cojones quería eso.

Yo le dije que para jugar un rato por la noche.

Y él me dijo algo así como: «tío, tú eres un tío muy curioso, te gusta mucho leer y escribir, ¿qué cojones vas a hacer con la máquina esa?

»Si necesitas desconectar, lee o escribe».

Esas palabras fueron un resorte.

No sé el nivel de influencia que tuvieron en mí, pero 2023 ha sido el año que más he leído y he escrito.

El año en el que he empezado a darle forma a mi gran proyecto.

El año que he ido dejando de lado las distracciones y priorizando lo importante de verdad.

El año que mis abuelos se recuperaron y con ellos volveré a pasar otro diciembre, solo que más alegre esta vez.

El año en el que el deporte y el cuidado de mi cuerpo se pone en el top número dos de mis objetivos personales.

Podría haber acabado enganchado a un videojuego sin sentido alguno, más allá de huir de la realidad.

Pero mi colega tiró una cuerda de auxilio y me hice un traje con ella.

Con esto quiero decir que cuidado.

Cuidado con lo que dices y con lo que no dices.

Porque hay silencios muy elocuentes y palabras que pueden cambiar una trayectoria entera. Un año entero, el futuro de una persona.

Para bien o para mal.

Si vas a decir algo a alguien, intenta, por lo menos, contribuir a que le cambie la vida a mejor.

Como lo que me hizo Alex a mí, con algo de lo que seguramente ni se acuerde.

# 24 de diciembre

Ayer, mi compadre y yo hicimos una buena acción.

O por lo menos nosotros lo consideramos una buena acción. Lee primero y juzga después.

Anoche mi equipo y yo fuimos a una zambombada, que básicamente es un escenario en mitad de una calle y grupos cantando esto y lo otro.

Digo esto y lo otro porque no había temática fija, aquí había flamenco, villancicos, *hardstyle*, *reggaetón*…

En fin.

Allí andábamos mis amigos y yo. Celebrando la noche previa a Nochebuena.

La buena acción no es eso —podría serlo, pero no—, atiende.

Resulta que, entre toda la gente, había un señor mayor. Llevaba un bastón y uno de los brazos no lo podía mover. Una pierna la tenía bastante regular. Pero el tío lo estaba dando todo en la pista de baile.

No se estaba quieto. A pesar de tener un ojo a la virulé.

Cualquiera que pasara por allí y viera a este tipo diría:

«—Madre mía, que mala suerte, solo tiene un ojo, un brazo y una pierna».

Yo no, yo pensaba que al menos tenía un ojo, un brazo y una pierna.

Es muy distinto.

Bien.

La tarde/noche se fue pasando y el abuelo también.

Y de repente, abuelo al suelo, talegazo y tumbado en mitad de la carretera.

Uno de mis colegas y yo corremos a cogerlo, comprobamos que se encuentra bien y lo dejamos a su bola.

Segundo talegazo.

Ahí nos damos cuenta de que estaba solo, no había nadie con él.

Lo volvemos a levantar, pero ya no le quitamos el ojo.

Y como no nos quedábamos tranquilos, mi colega Sergio y yo hablamos un rato con él y lo llevamos a casa.

Estuvimos charlando con él de camino a donde vivía y lo conocimos un poco.

Llevaba «tres, cuatro o cinco cervezas», que seguramente serían diez.

Vivía solo y aun así confió en nosotros.

Su hijo va hoy a comer con él —por Nochebuena—.

Va a clases de zumba y eso explica todo lo que baila.

Finalmente, llegamos a su casa, hasta la puerta, y mi colega y yo agradecimos dos cosas.

La primera es las risas que nos echamos con el viejo de camino a casa.

La segunda cosa que agradecimos es que el viejo diera con nosotros, que solo queríamos que estuviera bien. Y no con dos pavos que quisieran aprovecharse o robarle o a saber, porque este hombre nos llevó hasta su puerta, hasta el pasillo de su casa, literalmente, y no nos fuimos hasta que cerró.

Esto está guay.

Está guay porque mi equipo quiere mucho cachondeo.

Mucha música y mucha marcha.

Pero si hay que parar para echar una mano se para.

Si tenemos que dejar de bailar y cantar y beber para ayudar a un paisano, se hace.

Ayer mucha gente estaba viendo a este hombre y nadie hizo nada.

No seas como esa gente.

Si hay que parar para ayudar se para.

Si hay que elegir entre echar una mano o mirar para otro lado, mi equipo ya sabe qué hacer. Y todo con el único beneficio de saber que has ayudado y aportado. El bien en sí era el único premio aquí, sin aprovecharse de nada ni de nadie, nunca.

Espero que tú también pienses como yo, si no, cierra este libro ahora mismo y pírate a pensar un rato.

# 31 de diciembre

¡Buenos días!

Último día del año. Último día de mi semana de desconexión.

Estoy intentando intentar aprender a desconectar de vez en cuando. Me cuesta mucho.

He estado dándole vueltas a todo durante esta semana. Reflexionando.

Ver dónde mejorar, en qué dirección crecer. Algunas decisiones que tengo que tomar…

Lo primero de todo, he definido los pilares en los que se apoyan todas mis historias.

He analizado lo que escribo y siempre aparece alguno de estos valores y solo quiero dejarlos por aquí escritos, para que todo el mundo sepa de qué va esto.

Para conseguir cualquier cosa que te propongas es necesario que la visualices como si ya lo tuvieras.

Es obligatorio poner la energía y el trabajo diario que requiere materializarlo, día a día sin excusa. Sin negociar.

La disciplina es esencial.

Debes ser responsable de todo lo que te pase. Si consigues algo es gracias a ti, pero si no lo consigues es también gracias a ti. Sin echar balones fuera.

Y lo más importante, eres la media de la gente que tienes más cerca.

Para llegar a donde quieres llegar, tienes que rodearte de los que ya están allí.

Físicamente o en sus libros, en sus formaciones, en sus RR. SS. o como sea.

Y como bonus, debes tener fe.

Fe en que las cosas se consiguen.

Visualización, energía, disciplina y responsabilidad, apoyado en la gente que tienes cerca y con fe; así se consiguen las cosas.

Esa es mi receta del éxito y en lo que se apoya todo esto.

¿Y qué quiero conseguir yo con esto, con TODA MI MOVIDA?

Mi único objetivo es que, si algún día tú dudas de ti mismo, si no sabes por dónde tirar, si estás pensando en actuar o estarte quieto, trabajar o quedarte en la cama, vencer la pereza, la vergüenza… Si en algún momento crucial necesitas un gramo de inspiración, que la encuentres aquí.

Que veas que yo no me rindo, que yo no paro, que no dejo de poner la energía. Que lo estoy dando todo y algún día lo tendré todo. Y que, si tú te pones a darlo todo conmigo al lado, también llegarás a la cima.

Cada uno en su montaña, escalando juntos.

# 1 de enero

Ayer celebré la noche de fin de año con mi chica.

Ya es tradición, llevamos tres años haciéndolo.

Salimos los dos, bailamos un rato y nos piramos a un hotel. Planazo.

Bien, pues ayer a mi chavala se le ocurrió empezar el año de una manera que me encantó.

Y que tenía relación con lo que habíamos hablado el día anterior justo.

Eran la 1 a. m. y acabamos de llegar a un descampado para dejar el coche. En ese momento se sacó un par de ramitas de romero y un mechero.

Esto era para ahuyentar las malas vibraciones y atraer abundancia.

Me flipó.

Hubo risas y obviamente quemamos todo el romero. Lo agitamos alrededor de nuestro cuerpo y nos impregnamos del aroma.

Olíamos bien y encima nos preparábamos para empezar el año cargados de buena vibra.

El que pasara por allí vería a dos notas en un descampado descojonándose y quemando yerba, seguramente nos tacharon de drogadictos.

O de chamanes, vete a saber.

Yo no sé si funciona el romero o no, sí sé que me sentí genial al instante, que eché cuatro risas con mi nena y que, encima, sí que sentí que el 2024 venía cargado de abundancia.

Abundancia en salud y abundancia en éxitos.

El tiempo lo dirá.

Si lo ves como si ya lo tuvieras, tienes la mitad del camino recorrido.

Si te rodeas de gente como mi chavala que te quiere alejado de las malas vibras desde el día uno, mejor.

# 2 de enero

«El que fracasa en la planificación planifica su propio fracaso».

No recuerdo desde cuándo conozco este mantra.

No sé si lo leí, lo escuché o me lo inventé yo.

Ni idea.

Pero sí sé que se me quedó grabado a fuego y que me lo repito cada dos por tres.

Me viene a la mente siempre que sé que no estoy haciendo las cosas bien.

Cuando estoy perdiendo el tiempo o cuando sé que no lo estoy optimizando.

Viene a mi mente cuando hago cosas porque sí en lugar de ver si tengo o no que hacerlas.

Ahora acabamos de empezar el año.

Eso quiere decir que a nivel social todos estamos motivados.

Todos tenemos metas que cumplir, objetivos que alcanzar y resultados que obtener.

Todos soñamos con llegar al 2025 mejor de lo que hemos llegado al 2024.

Es natural. Es humano querer superarse.

Mucha gente no conseguirá lo que se ha propuesto.

Es el efecto «PROPÓSITOS DE FIN DE AÑO».

Es cuando decimos: el año que viene tendré más dinero que ahora, estaré delgado, dejaré el tabaco.

Luego pasa un año, llega el día treinta y uno y dices tus propósitos para el año nuevo: «el año que viene tendré más dinero que ahora, estaré delgado, dejaré el tabaco…».

Y ves que la has cagado: «mierda, si son los mismos que el año pasado, ¿pero qué cojones he estado haciendo?».

Pasa otro año más y otra vez los mismos propósitos:

«Para este año quiero tener más dinero, estar delgado, dejar el tabaco…».

Cuando pase el año: ¿lo habrás conseguido?

Para mí todo esto empieza a fallar a la hora de la planificación.

Ya sabes, por lo de planificar el propio fracaso.

Si quieres lograr todos tus objetivos este año, no falles en la planificación.

Organízate bien.

No vaya a ser que llegue 2025 y te propongas las mismas cosas que en 2024, solo para darte cuenta de que no avanzaste.

¿Y si no sé planificarme? ¿Y si no sé establecer prioridades? ¿Y si estoy en un bucle del que no sé salir y simplemente voy en piloto automático?

Acude a mí. Ya tienes por ahí mi Instagram.

# 3 de enero

Ayer te hablaba de la planificación.

Que el que falla en la planificación falla en todo.

Claro, esto es muy fácil decirlo, para mí es sencillo planificarme. Pero no porque sí o porque yo sea un genio planificador.

Sino porque me la metieron tan duro en la ingeniería que no me quedó otra que aprender.

Me la metían hasta por la oreja.

Así que tuve que armarme y proteger las orejas, el culo y todo orificio que tengo en mi cuerpo.

Esto lo hice con planificación. La planificación fue mi arma.

¿Y cómo lo hice?

Atento.

Escribí en un papel en blanco la lista de todas las cosas que hacía todos los días. Viernes, sábados y domingos incluidos.

Fue algo así como:

7:00 me despierto

7:00-7:30 desayuno y me aseo

7:30-8:00 voy a la facultad

…

Etc.

Aburrido. Lo sé.

Pero lo hice.

Lo hice porque de esa manera vi todo lo que hacía, vi dónde fallaba, vi lo que sobraba y vi lo que faltaba.

Por lo que, como buen ingeniero, eliminé los problemas eliminables, reduje los no eliminables, optimicé las cosas buenas y añadí cosas mejores.

¿Resultado?

El último año aprobé las mismas asignaturas que los primeros tres años de carrera juntos.

Ahora no tengo que estudiar, al menos no asignaturas de ingeniería, pero esa enseñanza me la llevo.

Esa habilidad de organizarme la aplico en mi vida hoy en día.

De esta forma puedo entrenar, cocinar, crear contenido, aprender, leer, escribir, salir, descansar, conocer gente y cuidar de la que tengo.

Tengo tiempo hasta de trabajar cuarenta horas a la semana en mi trabajo.

¿Magia?

No, organización.

Manos a la obra.

# 4 de enero

El otro día me compré un libro que no había leído.

*Los secretos de la mente millonaria*, de T. Harv Eker.

El nombre es de flipado y llama la atención; es su obligación como escritor, llamar la atención.

Lo que no te esperas es que el libro no habla de dinero.

Habla de *mindset*, de forma de pensar, de estilo de vida, de hábitos.

De cómo te hablas a ti mismo. Y cómo deberías hablarte para cambiar tu destino, claro.

En la primera parte del libro hay una frase de Stuart Wilde —un probablemente borracho escritor inglés—.

Que es de lo que te quiero hablar hoy.

Del escritor no, de lo que dijo.

La frase en cuestión dice:

«La clave del éxito es elevar tu propia energía. Cuando lo hagas, atraerás a la gente hacia ti de forma natural y cuando los tengas a tiro… ¡pásales tu factura!».

A mí lo de la factura me la pela. El dinero me llegará solo y eso lo tengo claro.

Vendrá como consecuencia. Si no te lo crees te invito a que te sientes y disfrutes.

En cambio, si te lo crees, te invito a que te pongas a mi ritmo, para que te llegue a ti también.

Lo que me gustó y me tocó realmente de esta frase es lo de elevar la energía y lo de que la gente se acercará de manera natural.

Vayamos por partes.

¿Qué cojones significa eso de subir tu energía?

Para mí, subir mi energía significa aumentar mi valor. Es probarme a mí mismo, empujarme más y ver hasta dónde llego.

Yo aumento mi energía día a día madrugando y ganándole al sol.

Aumento mi energía entrenando y llevando mi cuerpo al límite. Al día siguiente otra vez, al siguiente otra vez. Y ese límite cada vez es más alto y yo cada vez mejor.

Aumento mi energía leyendo y aprendiendo todo lo que no quisieron enseñarme en el colegio.

Aumento mi energía validándome con mis actos.

¿Y cómo sé que funciona?

Porque desde que muestro mi movida en RR. SS., que no es otra cosa que todo mi trabajo diario puesto en las áreas que me apasionan, la gente se está acercando a mí de manera natural.

Y ese es mi gran logro: inspirar a otros que están donde yo estaba ayer, y poder conectar con aquellos que están donde yo estaré mañana.

Si no sabías cómo definir el éxito ya lo sabes, busca tu forma de subir tu propia energía, crea tus métodos y valídate con ellos.

Y ya verás cómo explotas de abundancia.

# 5 de enero

Mira, en la vida no existen líneas rectas.

No existen atajos ni caminos fáciles. No hacia la gloria.

Los caminos fáciles no llegan a destinos guapos. Digo guapos de verdad.

La vida es una sucesión de pruebas.

Al que ve las pruebas como obstáculos le duele vivir. No disfruta y no crece.

No vive intensamente, más bien vive peleando.

Sobreviviendo, como dicen algunos.

El que vive guay de verdad es el que ve las pruebas como oportunidades.

No, no hay líneas rectas.

En la naturaleza tampoco las hay.

Hay subidas y hay bajadas, hay depresiones muy profundas y hay cordilleras superaltas.

Hay olas en el mar que suben y bajan.

Y hay ríos que se deslizan como serpientes.

Y así veo yo la vida: como un río que se desliza como una serpiente.

Un río en el que solo puedes ver hasta la siguiente curva. Cuando llegas a esa curva solo puedes ver hasta la siguiente.

Y poco a poco vas avanzando.

Pero nunca podrás ver el río entero, no hasta que lo navegues hasta el final.

Mira, cuando tú vas a empezar algo, jamás sabes todo lo que va a pasar.

Es imposible para un mortal como tú y como yo ver más allá.

Es imposible saberlo todo y tenerlo todo a tu disposición antes de empezar.

Pero es que esa es la clave: empezar.

Creo firmemente que, cuando se pone energía en algo, ese algo crece. En lo que pones tu atención se expande.

Si la pones en los problemas, tendrás problemas, pero si la pones en oportunidades, tendrás oportunidades.

Cuando tú empiezas y lo das todo, el universo entero comienza a conspirar a tu favor.

Empieza a darte justo lo que necesitas en el momento en que lo necesitas.

Y entonces aparece ese libro, se te acercan esas personas, descubres a ese referente incluso contactas con él, te topas con ese vídeo…

Y todo fluye, y todo empieza a encajar, y aceptas que jamás verás más allá de la siguiente curva.

¡Pero qué más da! Con lo a gusto que se navega por este río.

Que venga lo que tenga que venir, solo puede hacerme más fuerte.

Bueno, ¿y cómo estoy tan seguro de todo esto que te acabo de contar?

Pues porque lo estoy viviendo, por eso.

Empieza hoy, desde donde estás y con lo que tienes: todo lo que necesitas está esperándote en el camino, en el punto exacto.

# 7 de enero

Ayer estuve echando cuentas.

Veintidós años son muchos años.

Es lo que va desde mis cuatro años hasta ahora, prácticamente toda mi vida.

Y caben muchas cosas en veintidós años.

Dímelo tú, Paulita, ¿cuántas cosas caben en veintidós años, tú que has estado todo ese tiempo ahí?

Pues sí, resulta que esa es la cantidad de tiempo que llevo siendo amigo de esta chavalita.

Y si pudieras echarle un ojo a nuestra relación a lo largo de toda la historia, te echarías las manos a la cabeza.

Por lo de las subidas y bajadas.

Miento.

No es verdad.

Creo que hasta te alegrarías, te alegrarías de una relación que ha evolucionado así, tan bien.

Te alegrarías de ver cómo hemos llegado al punto en el que estamos ahora, donde los obstáculos no son problemas, son oportunidades de aprender, y de aprender a aprender.

Pero si hay una cosa que admiro notablemente de esta chica (ya sabes que solo me rodeo de gente que admiro) es su disciplina.

Está destinada a la grandeza y eso yo lo sé.

Puede que algún día salga en la tele y yo podré decir: soy amigo de una famosa.

Puede que nunca salga en la tele, eso me la pela.

Lo que sí sé es que va a hacer cosas muy importantes, las está haciendo ya.

Admiro cómo trabaja día a día sin importar las circunstancias.

Si un día tiene menos ganas, duplica el esfuerzo.

Si no está motivada, da igual, esto no va de motivación. Sigue y punto.

Ella también le gana al sol, pero no como yo: ella también le gana por la noche.

A veces le gustaría despertarse en otro tiempo y en otra ciudad, como dice Vetusta Morla.

Pero no, si se descentra un poco vuelve rápido al punto de equilibrio, y continúa.

Ella lo está dando todo y por eso se merece todo.

Ha visto en su mente lo que quiere y pronto lo podremos ver todos, porque lo va a manifestar. Lo va a materializar.

Solo espero que se acuerde de mí, su amigo desde los cuatro años.

Para compartir su todo conmigo, solo eso.

Si no te rodeas de gente que admiras dale una vuelta.

Y si no te admiran a ti, ahí no es.

# 8 de enero

Mira, hoy te voy a hablar del día en que casi me matan.

Bueno, exagero, tengo varios días de esos, entre los que casi me matan y casi me mato.

Pero hoy te voy a hablar de uno en concreto, uno que viví en mis tiempos de Málaga.

Volvía a mi piso para cenar después de una larga tarde de estudio preexámenes.

Estaba solo y era de noche, una noche cerrada de enero. Sin luna ni estrellas.

Ni posibilidad de aprobar más de dos o tres.

Pero iba contento.

Tenía diecinueve años recién cumplidos e iba hablando por teléfono con mi churri.

El otro día te hablaba de mi historia con mi amiga Paula, que te echarías las manos a la cabeza.

Con mi churri da para una saga de películas, de las buenas, de las que repites todas las navidades.

En fin.

Pues iba hablando con ella por teléfono cuando cruzaba un paso de cebra. La calle era anchísima, con dos carriles.

No había nadie en la puta calle cuando un notas decide frenarme a tres centímetros del tobillo y racheando ruedas.

Yo trago saliva y recojo mis pelotas del suelo; sin mirar ni decir nada sigo mi camino como si nada hubiese pasado.

Con mi chica al teléfono hablando de cualquier cosa de las que hablan dos tórtolas de diecinueve años.

De pronto empiezo a escuchar gritos y resulta que es el zumbado que casi me atropella.

Me quito el *cell* de la oreja para ver qué cojones quería sin dar mucho crédito al asunto.

El pavo me invitaba de muy malas formas a que cruzara más rápido, que iba agilipollado por el teléfono. Palabras textuales.

Mis diecinueve años y yo le mandamos a tomar mucho por culo mientras nos reímos y seguimos andando.

El pavo se baja del coche y empieza a gritarme más, y me dice algo así como:

«Espérate, que te voy a dar dos hostias».

Yo, a cinco metros de él, saco mi mano y le enseño uno de mis cinco dedos, no diré cuál.

Y me echo a reír.

Todo con mi novia al teléfono.

Yo me reía porque se suponía que el notas tenía prisa y estaba ahí perdiendo el tiempo en vez de seguir su estúpido camino hacia cualquier sitio poco agradable al que se dirigiera.

El tipo, que ahora podía ver que tendría cincuenta y pico, mediría media cabeza menos que yo y parecía bastante enclenque, entra en cólera.

Viene hacia mí diciéndome que quiere darme una puta paliza.

Yo no entendía nada, pero me seguía riendo de él, por su extraño problema de prisa ahora ya resuelto y su repentino ataque de ira nada ajustado a su apariencia física ni a las circunstancias.

Me planto mirándolo y le decimos —recuerda, mis diecinueve años y yo— algo así como: «atrévete, puto viejo».

El pavo decide no venir, se monta en su coche y empieza a pitar y a acelerar mientras se va a toda mecha —como los de Santa Justa Klan».

Yo automáticamente vuelvo a mi estado de ondas alfa y sigo con la conversación con mi tórtola.

Como si nada hubiera pasado.

De esta historia saco dos lecciones y una reflexión.

Atento.

La lección número uno es que aquello en lo que te centras crece. Si te centras en las oportunidades crecen.

Pero si te centras en los problemas, lamentablemente también crecen.

El subnormal del coche podría simplemente haberme esquivado por el otro carril y santas pascuas.

Incluso podría haber esperado a que cruzara y pirarse y ya. En lugar de bajar y perder cuatro veces más tiempo con un niñato.

La lección número dos es que la paz es lo más valioso que tenemos.

El recurso número uno y el más importante.

El mundo puede arder fuera que si dentro estás en paz todo está bien.

No sé qué se le cruzó al tipo por la cabeza para perder los estribos así, pero Dios me libre de llegar a ser cómo él. Siempre.

Por último, la reflexión.

La reflexión es que si eso pasa hoy en día ignoraría cien por cien al viejo enclenque irritado.

Ni vacilar, ni insultar, ni plantarle cara.

Indiferencia total. Por lo de la paz y tal.

No seas nunca como el tipo encolerizado y no pierdas ni el tiempo ni la paz.

No te centres en los problemas: hazlo en las oportunidades.

Y si tienes la oportunidad como la tuve yo, no hagas lo que hice, haz lo que haría hoy: indiferencia ante el que quiere perturbar tu paz.

Ese milagroso recurso que tanto ansiamos, que pocas veces sentimos y que cuando lo sentimos, a veces, dura muy poco.

Que nadie te lo robe.

# 9 de enero

En diciembre de 2020 tuve mi primera entrevista para currar de ingeniero.

Aunque acabé currando de todo menos de ingeniero.

Era en una empresa de Córdoba que hoy en día sigue funcionando y creo que le va bien.

Pero no hacían las cosas bien. No bajo mi punto de vista.

Comienzo por el principio…

La entrevista era para un puesto de ingeniero eléctrico; como yo soy mecánico, no encajaba mucho, pero me debí vender muy bien, porque al final me cogieron.

Y al final sí hice falta, por lo menos al principio, los dos primeros meses de los seis que estuve currando allí.

Lo más guapo de todo es que me dieron cincuenta mil para gastar en optimizar todos los procesos de la cadena de montaje de la empresa en cuestión.

A mí, que no tenía ni puta idea de cómo gestionar los pocos ahorros que me quedaban de la comunión, con veintidós años y cincuenta mil.

En fin, «qué guay», pensé.

Y la verdad es que fue guay.

Diseñé una estructura de carriles para colgar material y desplazarlo por un recorrido de unos veinte metros.

Diseñé también los carritos que iban por la estructura y que se deslizaban con el material colgado.

Diseñé el trazado de una cinta transportadora de unos cuarenta metros de largo que iba desde el almacén hasta un banco de pruebas.

Pasando por todos los puestos de trabajo, por cada trabajador de la cadena.

Hice todo eso y lo mandé a fabricar.

Total de gasto material: cuarenta mil.

Total de mano de obra: diez mil.

Si me hubiesen dado cien mil me los fundo también.

Qué más da, tenía veintidós años, cincuenta mil, muy poca vergüenza y nada que perder —como Pig Noise—.

Lo que no me esperaba era lo que empezaría a pasar después.

Como mi trabajo de estudio, diseño y control de pedidos y, en general, mi trabajo de ingeniería estaba ya hecho en los primeros dos meses, me enchufaron el chándal de mecánico y me pusieron de peón.

Además, me contrataron de tardes y me ascendieron a superjefe del departamento de calidad —que, de momento, solo tenía una persona y era yo).

Todo por trescientos cuarenta eurazos que me pagaban.

Literalmente estaba viviendo el sueño español.

Así que, una vez estudiado y diseñado mi proyecto, me pusieron de peón para ayudar a montarlo.

Cuando faltaba material —casi cada día, del proyecto mío o de cualquier otro asunto que no me correspondiera a mí— me mandaban con una furgoneta a comprarlo.

Cuando llegaban defectuosos algunos de los productos de los que fabricábamos y vendíamos, me mandaban a mí a analizarlos e inventarme cualquier mierda para no devolver la garantía.

Todo mientras mi dulce jefa me preguntaba día sí y día también que a qué cojones me dedicaba, que si estaba trabajando, siendo ella la que me mandaba a mil sitios y a hacer mil cosas poco relacionadas con mi formación.

Al cuarto mes, en mayo del 2021, ya me empecé a cansar de que me tuvieran de peón, de repartidor, de limpiador, de inventor de mierdas de garantía, de carga cosas —porque se supone que yo estaba fuerte y podía con peso…—.

Así que empecé mi pequeña venganza personal y cada vez que me mandaban a por algo en la *furgo*, decidía tardar el triple de tiempo.

Yo les decía que era ingeniero y ellos me decían que fuera a por tornillos y rapidito.

Empecé a dar vueltas por el polígono mirando una a una las empresas que me gustaban, investigando el mercado literalmente.

Aprovechaba mi trabajo para buscar trabajo.

Pero al final me vi en la calle.

Me vi en la calle porque un día mi jefa decidió gritarme, y yo la mandé a donde picó el pollo.

Entonces aguantaba menos que ahora.

Con el tiempo veo que pequé de novato.

Se aprovecharon de que no sabía decir que no.

Se aprovecharon de que nunca había trabajado de ingeniero y no sabía muy bien mis funciones hasta que fue obvio que no eran las que me obligaban a hacer.

Se aprovecharon de que aguantaba mucho.

En realidad, fui una ganga: hacía de todo por la propina de trescientos euros al mes.

Lo bueno de todo esto es que aprendí a valorarme, profesionalmente digo.

Y cuando me quisieron hacer la cabra otra vez en mi segunda empresa —ya te hablaré de ella— los mandé al cipote también.

Es necesario que conozcas tu valor en todos los ámbitos: en el trabajo, en el amor y en la vida en general; que no te infravalores y que te mantengas firme.

Y cuando no sea posible: puerta.

El mundo es enorme y la vida es corta.

Es obligatorio aguantar gilipolleces el menor tiempo posible.

# 10 de enero

Mira, el otro día, por H o por B, me invitaron a formar parte de un grupo de Telegram.

Me vieron por Instagram y me metieron.

Somos cincuenta personas que estamos intentando crear una marca personal fuerte.

El motivo por el que acabé aquí fue simplemente cósmico.

Ya sabes, por lo de centrarme en rodearme de los mejores, que llega el Universo y me lo da.

Bien, pues me presenté y pude charlar un poco con algunos.

Me hicieron algunas preguntas y las respondí.

Hice algunas preguntas y me las respondieron.

Tuvo que estar bien porque un par de días después me habló un chico por privado diciendo que había visto lo que yo había dicho por el grupo y que quería saber mi opinión sobre una idea que tenía.

Él me contó lo que quería crear y yo le mandé un audio de cinco minutos.

Ja, ja.

Ya ni sé qué cojones le dije, pero su respuesta fue esta, copio del chat directamente:

«... estoy totalmente de acuerdo, tío, literalmente me has dicho las soluciones a mis problemas que tenía...».

Luego quiso saber cómo perder el miedo a actuar y a mostrar su cara en RR. SS., a pensar por sí mismo y a exponer sus valores y creencias.

Le contesté con otro audio de dos minutos…

Ja, ja x2.

De este tampoco recuerdo lo que le dije, pero debí dar en el clavo, porque su respuesta fue —y vuelvo a copiar del chat—:

«… muchas gracias, tío enserio, te lo agradezco muchísimo…».

Mira.

A estas alturas te puedes hacer una idea de lo que le dije en esos siete minutos.

A lo mejor no.

Pero seguro que sí.

Yo no lo dije nada que no pensara realmente, nada que no haya probado yo ya y no me haya funcionado, y no le dije nada que no le vaya a funcionar.

Este chico es superjoven, pero no piensa como un nene.

Este tío tiene la cabeza amueblada, va con todo y lo va a conseguir.

Cuando lo haga os lo enseñaré.

Me alegra mucho ver que estoy empezando a materializar lo que pedía hace seis meses.

Que me estoy convirtiendo en el hombre que quiero ser y que hay gente que se quiere acercar a mí, gente que quiere ver qué hago yo que sea distinto.

Gente que dice: «vale, este tío está seis meses por delante de mí, voy a preguntarle cómo lo ha hecho».

Me gusta, porque es lo que hago yo con la gente que está por delante de mí y que quiero alcanzar.

Porque sé que no hay que reinventar la rueda y que solo existen unos pocos valores sólidos y universales que funcionan siempre.

SIEMPRE.
El primer paso es conocerlos.
El segundo entenderlos.
El tercero aplicarlos.
El cuarto recoger los frutos del trabajo bien hecho.
Hoy en día yo estoy entre el tercer y el cuarto paso.
Por eso de que la gente se me acerca a preguntar.
Estos principios los puedes sacar de todo lo que has leído hasta ahora, si no es así, háblame y los vemos juntos.

# 11 de enero

Mi compadre Alex —@alex_prezgarrido en Instagram— y yo estamos planeando cosas bastantes guapas.

Lo que pasa con este tío es increíble, resulta que llevamos veintiún años siendo amigos, pero no amigos de te veo hoy y ya nos vemos el año que viene.

O de si no está en mi clase ni lo saludo…

¡NO!

Amigos amigos, amigos de toda la vida y todo el rato.

Pues no sé si será porque somos amigos de toda la vida y todo el rato, o porque ha tocado, pero estamos en un momento vital muy similar.

Los dos estamos deseando dar todo el valor del mundo, aportar todo lo que sabemos, y hacerlo porque sí, por ayudar.

Por aportar nuestro grano de arena e impactar positivamente en la vida de todo aquel que se pare a escuchar.

Los dos estamos creando una marca fuerte y una comunidad fiel.

Y eso, día a día, nos hace la vida más valiosa y *más mejor*.

Él está metido en el mundo del fitness, yo en el del comportamiento, el de los hábitos, el del desarrollo personal.

¿Por qué?

Yo, porque creo que somos el resultado de lo que hacemos día a día, y creo que cambiando lo que hacemos día a día cambiamos lo que somos y conseguimos lo que queremos.

Creadores de nuestro destino.

Él hace lo que hace porque ama el deporte, porque le encanta superarse a diario, porque sabe que nuestro cuerpo es lo mejor que podemos tener en este mundo, y cuidarlo y trabajarlo es sinónimo de amor propio.

De autorespeto.

Un tío que tiene un cuerpazo así o una tía que tiene un cuerpazo así tiene estatus.

Porque un cuerpazo es de las pocas cosas que no se pueden comprar con dinero.

No, señor; aquí hay tiempo y muchísimo esfuerzo.

Y eso se percibe como valioso, claro.

Pues bueno, a lo que voy, que agradezco ser amigo de tanto tiempo de este pavo.

Además, a este tío lo tengo yo de mentor *fitness*.

Tiene una membresía en la que te metes y te guía hacia ese cuerpazo del que hablaba.

En fin, de esto y de otras muchas cosas hablaremos próximamente en nuestros canales.

Síguelo si no lo sigues, en Instagram digo.

Para no perderte nada y porque nos gusta estar rodeados de los que se superan día a día.

# 12 enero

Mira, estoy leyendo un libro.

Miento, releyendo.

Y es un libro que te puede cambiar la vida.

Ya sabes, por eso de que eres lo que haces.

Y por eso de que, si cambias lo que haces, cambias el rumbo, los resultados y tu vida entera.

Atento.

El libro en cuestión es *Hábitos Atómicos*, de James Clear.

Aquí te explica un poco la ciencia que hay detrás de los hábitos, pero de manera que lo entiendas: cómo se crean y se destruyen, qué pasos hay que dar —o dejar de dar—, cuánto tiempo se tarda…

Me gusta por varias razones.

Una no, dos tampoco, más, más razones:

Razón número uno: lo puede entender cualquiera.

Repito: cualquiera.

Hasta yo lo entiendo.

Cualquiera que lo lea con la intención de aprender, aprende.

Si te lo lees dos veces aprendes más.

Cuando me lo lea tres veces te diré si sigo o no aprendiendo.

Razón número dos: utiliza el poder de las historias.

Personales o de gente cercana, también de gente importante.

Pero historias.

Es la mejor forma de aprender: hacerlo directamente con la experiencia de otro que pasó por ahí antes que tú.

Razón número tres: es práctico.
Es muuuuuy práctico.
Desde el inicio.
Te lees cincuenta páginas en media hora y ya eres más sabio.
Ya puedes empezar a ser mejor.

Razón número cuatro: deja muy claro que hay que echar a andar.
Que los recursos están en el camino.
Que si aspiras a la perfección antes de empezar estás muerto.
Que mejor mucha actividad y baja calidad al principio y ya iremos mejorando.
Que el que domina algo es el que hace ese algo un millón de veces.
Y no hay magia detrás de esto, trabajo y repetición.

Razón número cinco: no juzga.
No te dice nunca qué está bien ni qué está mal.
Eso lo deja a tu elección.
Solo te enseña a crear o destruir un puto hábito.
Lo que creas o lo que destruyes es asunto tuyo.
Pero sí te invita a ser listo y pensar. Y ver qué cojones quieres conseguir en tu corta vida sin más sentido que el que tú le das.

Dicho esto, te cuento un ejemplo de cómo apliqué una de las reglas que explica a la hora de empezar a levantarme antes que el jodido sol a diario.

Regla: hacerlo sencillo.

Lo más jodido de levantarte a las 5:00-6:00 a. m. es levantarte —tócate la polla—.

Pues bien: ¿quieres saber cómo me levanto siempre a esa hora cuando solo quiero dormirme y no levantarme en un mes?

Dejando el *cell* a tomar por culo de la cama.

Si quiero apagar la alarma tengo que levantarme y andar.

Si la dejo sonar más de la cuenta me cae un guantazo.

Por lo que me levanto sí o sí.

Y una vez de pie ya he hecho lo más difícil.

Y ya no me acuesto.

Ya inicio una rutina que me activa y que acaba a las 22.30 p. m.

Dicho todo esto, espero que hayas tomado apuntes y pienses.

No hagas lo que yo, haz lo que quieras, pero piensa.

Vaya a ser que alguien piense por ti y la cagues.

# 13 de enero

Escribir me cura.

Y compartir lo que siento también, pero solo si es escribiendo, de otra forma no sé.

Y como me sienta bien compartir lo que siento y escribir me cura pues lo hago.

Y te diré que ayer pasé mucho miedo.

Empiezo por el principio.

Mira, mis abuelos viven en una casita andaluza muy bonita a mil metros de mi casa.

Metro arriba metro abajo.

Mi tía y mis primos viven en un piso justo debajo de mí, a cincuenta centímetros de distancia.

Centímetro arriba centímetro abajo.

Ayer decidí tumbarme a dormirme una siesta —cosa que jamás putohago— cuando mi madre recibió una llamada.

De mi abuela sobre mi abuelo.

Algo que hizo a mi madre romper a llorar y salir pitando por la puerta con mi padre.

Yo desde mi casa llamaba a la ambulancia.

Cuando colgué, cogí la bici —porque yo sigo teniendo quince años y voy en bici a todos lados— y bajé al piso de abajo a por mis primos.

Uno ya había salido corriendo con su madre, al otro lo pillé cogiendo las llaves de la moto.

Bajamos a la cochera y salimos disparados.

Llegué en la bici antes que mi primo en moto, por lo de la adrenalina y tal.

Supongo, no soy médico.

No soy médico, pero sé lo suficiente para determinar que mi abuelo seguía vivo cuando llegué.

No voy a entrar en más detalles, pero sí te diré varias cosas que saco de esto.

Porque yo siempre saco varias cosas de todo.

Soy el *sacacosas*.

Cosa uno: qué parte más linda la de que mi abuela levante el teléfono pidiendo ayuda y en cinco minutos tenga un dispositivo en la puerta.

Ese fue el tiempo que tardamos en llegar mis primos, mi tía, mis padres y yo.

Seis personas en tres coches, una moto y una bici.

Los putos geos.

Faltaba el helicóptero.

Cosa dos: qué miedo pasé y cómo se traduce eso en el amor que siento por mi abuelo en particular y por los míos en general.

Cada segundo en la puta bici yendo para allá era una pelea entre: «venga, no pasa nada» vs. «joder, joder, joder».

Pero estaba despierto ya cuando llegué y noté cómo se desataba un nudo en mi barriga.

Cosa tres: la vida da muchas vueltas y un día sin previo aviso se puede acabar.

Este pensamiento es el que me hace levantarme de la cama. A diario. Y hacer lo que tengo que hacer.

Lo que quiero hacer y lo que necesito hacer.

Por eso de que un día la palmo y tengo que haber dejado hecho todo lo posible antes de que llegue ese momento.

Que si la muerte me pilla en cueros que sea con las manos en las pelotas.

Y no cagado en un rincón, o durmiendo, o perdiendo el tiempo.

Ya me entiendes.

# 15 de enero

Hoy te voy a contar una historia de patriotismo.

De esas en las que unes españoles muy españoles siendo españoles muy españoles fuera de España.

Que es donde tenemos que defender a nuestro país.

Esto es uno de los capítulos de Holanda vs. España, y creo que está a la altura de la final del mundial del 2010.

Empiezo por el principio.

Año: 2019.

Ubicación: Albufeira (Portugal).

Escenario: máquina de boxeo para ver quién pega más fuerte.

Especie animal: el hombre.

Estábamos un día de verano mi equipo y yo por aquellos lares reventando un *punching ball* de estos que le metes un euro y un cate.

Ya sabes, para ver quién es el más fuerte.

Lo más sacacuartos que hay en la historia de la *hombridad*.

Vale.

Pues ahí estábamos mi *team* y yo pegando y riendo y bebiendo y pegando.

Cuando, de repente, un grupo de quince holandeses de dos metros *parriba* todos —serían seis y medirían un metro ochenta y cinco de media— nos retaron.

Se rieron de los bajitos españoles y decían que pegaban más fuerte ellos que nosotros.

Nosotros no pudimos dejar eso pasar y aceptamos el reto.

No entraré en detalles, pero ganaron.

Esos h(dp)olandeses nos retaron y nos ganaron.

Y encima se rieron de nosotros.

Pero español que ríe último, ríe mejor.

Nosotros nos hicimos los locos y nos piramos a un *pub*.

A tragarnos el orgullo entre otras cosas que también nos tragamos.

Y dejamos a la vida seguir.

Cuán sabio es el destino, debe ser Dios español, cuando, saliendo a tomar el aire mi colega Alberto y yo, nos cruzamos con un lobo separado de la manada.

Un holandés borracho y solo.

Y ya sabes lo que pasa: la manada sobrevive, el lobo solitario no.

El holandés nos reconoce y se echa a reír y a decir cosas que tuve que ir traduciendo a mi colega Alberto.

Que inglés no sabrá, pero listo es un rato y vio el negocio rápido.

Entretuvimos al holandés que seguía riéndose de nosotros pero que nos quería invitar a una cerveza.

Mi colega y yo aceptamos y nos fuimos al puesto más cercano a cogerla.

De repente, como si fueran suricatos, los chavales que nos faltaban aparecieron de la nada y el holandés se vio en la obligación de tener que invitarnos a todos.

Después de varias cervezas nos pareció bien cambiar a copas.

El holandés, que seguía riéndose, pero ya más nervioso, le pareció buena idea también y sacó otras seis copas.

La multa ascendió a noventa pavos.

Le salió caro reírse de nosotros.

De esa historia saco dos cosas —recuerda, soy el *sacacosas*—:

La primera es que no está bien reírse de la gente.

Tú puedes ser muy bueno dando cates porque Dios te dio un metro noventa.

Pero nosotros somos muy buenos y muy pícaros en lo nuestro y nunca olvidamos al que se ríe de nosotros.

Si estás dispuesto a pagar noventa pavos por diez segundos de risa, allá tú.

Lo segundo es que no debes meterte con españoles y menos con españoles tan organizados como estos.

Porque te la devuelven y al final ríen últimos y ríen mejor.

*Disclaimer:* todo lo que cuento aquí es verídico y legal, nadie sufrió daño alguno y todo quedó entre amigos.

No te rías de la gente y menos sin conocer su historia.

# 16 de enero

Ayer casi fallo.

Estaba tan cansado que casi me rindo y me duermo después de apagar la alarma —que, como sabes la dejo a tomar por culo de mí para levantarme seguro—.

Pero no podía fallar.

No fallé porque había recibido dos mensajes esa noche y no podía permitirme parar.

¿Quieres saber qué había en los mensajes?

Atento.

Eran las 5:45 a. m. cuando me vi de pie en mitad de la habitación.

Mi gato estaba durmiendo conmigo y le jodió que encendiera la luz.

Sé que le jode porque en estos momentos siempre me mira en plan: «*bro…*».

De fondo sonaba la alarma mientras me dirigía a apagarla.

Y me moría de sueño.

Entonces ahí estábamos todos: mi gato jodido por la luz, mi mucho sueño y yo de pie y el móvil ya callado a las 5:46 a. m.

Lo más difícil ya estaba hecho, estaba despierto y de pie.

Pero la cama es magnética y a veces me cuesta mandarla al cipote.

Mientras me debatía entre si tumbarme y fallar «solo hoy» o seguir un día más, abrí el WhatsApp.

Ahí tenía dos mensajes.

De dos personas diferentes.

Entonces sentí un pellizco de alegría.

La sensación de impactar positivamente en los demás es lo que más cachondo me pone.

Y no podía fallar. Por eso no me volví a dormir.

Uno de esos mensajes me mostraba cómo la persona A iba a empezar a registrar sus hábitos con el método de las cruces rojas y verdes.

La persona B me decía cómo iba a empezar a visualizar sus avances con un calendario que rellenaría cada vez que hiciera lo que tenía que hacer.

—Todo esto está explicado en mi canal de YouTube @ JesusSanzz—.

Sentí alegría infinita. Y un chute de motivación.

Lo sentí porque, por un lado me vi a mí mismo hace años empezando en el mundo del desarrollo personal.

Sentí esas ganas que me impulsaron a probar algo distinto, a empezar a tomar las riendas de mi vida.

Esa sensación de ser por fin consciente y responsable de todo lo que hacía y todo lo que me pasaba.

Y también esa sensación de saber que iba a lograr todo lo que me propusiera porque desde entonces pondría la energía que hiciera falta.

Toda la energía.

Por otro lado, me sentí muy agradecido.

Mi gran proyecto es compartir todo lo que sé y que me ha funcionado.

Intento hacerte ver que, si me ha funcionado a mí, también te puede funcionar a ti.

Mi objetivo en esta vida es obtener la mejor versión de mí mismo y de todo aquel que quiera subirse a mi carro.

Todo aquel que quiera ponerse a mi ritmo.

Todos los que quieran crecer uniéndose a mi equipo.

Y el beneficio que obtengo es esa sensación de gratitud tan grande que siento cuando veo que hay gente que se para a escuchar, que se para a comprender y que encima empieza a aplicar.

A todos vosotros os veré en la cima.

No voy a decir quiénes son porque eso no es lo importante, pero gracias, ayer casi fallo yo y me disteis energía para seguir.

Un día más.

Y mañana un día más.

Y así, siempre.

GRACIAS.

# 17 de enero

Mira, hoy quiero compartir contigo un mantra.

Tengo varios y repito casi todos, todos los días.

Acudo a ellos cada vez que los necesito.

Son las palabras que resuenan en mi cabeza y que me animan a emprender las acciones que tengo que tomar en lugar de tirarme a hacer el papanatas.

Es mi alma diciendo: venga.

Y el más potente que tengo es el que te cuento hoy.

Presta atención.

MAN—mente— –TRA—liberación— significa literalmente liberación de la mente.

Todos los mantras me sacan de bucles tóxicos que me dirigen en dirección opuesta a donde quiero ir.

LIBERAR mi mente permite que LIBERE mi vida de bajas vibraciones y me conduce irremediablemente hacia la LIBERTAD absoluta a la que me acerco como un cohete.

Utilizo los mantras cuando YO y solo YO puedo ponerme a hacer algo que solo YO puedo hacer por MÍ y que NADIE más hará.

Para que veas la potencia de mis mantras.

Para que luego se diga que los que triunfan tienen suerte.

No, triunfar es el arte de doblegar el discurso interno.

Todo el rato, de todos los días, de todos los años, de toda la vida.

Bien.

De todos mis mantras hay uno con el que es casi imposible que falle, no hay vez que pare y no reanude la marcha cuando mi alma me ha susurrado este mantra.

De todos mis mantras, este es la chispa que prende fuego a la explosión de mis hábitos.

De todos mis mantras es mi favorito, es el que más fuerza tiene y es el que me hace HACER.

Y desde hoy, si lo aplicas, también a ti te hará HACER.

Te hará EMPEZAR y te hará SEGUIR.

El mantra en cuestión es:

«El hábito más importante es el de dar la cara».

Dar la cara, en todo, siempre.

Esto es que si un día estoy tan cansado que no puedo entrenar al cien por cien entrenaré al setenta y cinco por cien.

Que, si no doy ni la mitad, iré al gimnasio quince putos minutos.

Y si no puedo ni ir —por ganas o por cansancio físico real—, me tiro al puto suelo y hago flexiones al fallo.

O sentadillas con salto al fallo.

O salgo a correr diez minutos.

O camino rápido media hora.

Dar la cara es hacer lo máximo posible y jamás escoger la acción de no hacer nada.

Otro ejemplo, mi formación.

Si tengo tanto sueño que no soy capaz de leer una hora seguida a primera hora de la mañana, me forzaré a escribir y retener lo poco que lea.

Si no puedo concentrarme en cien páginas me leo veinte, pero joder si las aprendo y memorizo.

Dar la cara en la formación es ponerme un podcast y repetir toda la información valiosa, hasta que se grabe en el cerebro.

Dar la cara es que si una de mis relaciones —ya sea con mi churri, algún colega o algún familiar— está bien, se disfruta.

Pero si no está bien, se intenta hacer lo máximo posible para poder llegar a la más alta energía posible cuanto antes.

Y aquí entran conversaciones complicadas, entra escuchar cosas que no mola escuchar y tocan al ego directamente y toca agachar la cabeza si es necesario.

Dar la cara es, en definitiva, no parar el carro.

No cortar la cadena.

Dar la cara es seguir con lo que se tenga.

Un día se sumará cien, otro día se sumará treinta y cinco y otro día cero coma cinco.

Pero, me cago en todo, jamás verás un cero en ningún área de mi vida en ningún momento de mi vida.

Dar la cara puede salvarte la vida como lo hizo conmigo.

Es sumar a diario y verte un día tan alto y tan lejos que te sorprendas a ti mismo.

Que mires atrás y digas: «cabrón, no he parado nunca».

Para mí es el mejor sentimiento que puedo sentir.

Así se doblega el discurso interno todo el rato, de todos los días, de todos los años, de toda la vida.

Así se consigue TODO.

# 19 de enero

Mira, ayer recibí una respuesta de una editorial.

¿Que por qué la recibí?

Pues en primer lugar porque les mandé una pequeña muestra de lo que escribo.

De lo que escribo aquí, en este grupo, cada día.

En segundo lugar, porque quisieron darme su opinión.

Y, créeme, me sentí tan bien como sorprendido.

¿Te quieres sorprender tú también?

Te cuento.

Mira, en Navidad hice una cosa, me metí en internet y escribí palabras aleatorias pero relacionadas con lo que me gusta hacer.

Algo así como: «mejores blogs de desarrollo personal», «comunidades de escritura», «grupos de lectura», «hábitos», «*mindset*»….

De cien páginas que visité entre blogs y editoriales, anoté veinte correos.

Los veinte de los sitios que más me gustaron.

Después, creé un dossier con unas veinte páginas, enseñando un poco de lo que escribo.

Y después de eso, escribí un correo presentándome, adjuntando el dossier y ofreciéndome para colaborar y crear cosas guais.

Hasta aquí, bien.

Vale, ¿qué pasó después?

Casi todo era silencio al principio.

El primero en dar señales de vida fue Francisco Fortuño —cuarenta mil seguidores en Instagram entre su cuenta personal y la de su blog, *Hombres Evolucionantes*—.

No dijo nada, solo me siguió en Instagram —y sigue siguiéndome—, le hablé y me dejó un corazón.

Vale, sabe que existo, me conformaré.

La cosa quedó ahí.

La segunda persona que dio señales fue Deb —veinte mil seguidores en Instagram y dueña del blog *Oye Deb* y de *Sociedad Lectoescritora*—.

Ella sí me dio un *feedback*, te dejo su respuesta:

«¡Gracias, Jesús!

»Me ha gustado leerte :)

»No busco a nadie para trabajar conmigo, pero te tendré en cuenta si alguien me pregunta.

»Te deseo lo mejor y que sigas escribiendo, entrenando y comiendo. Sobre todo, esto último.

Abrazo,

D.».

Por último, ayer me llegó una respuesta más, la tercera de veinte.

Esta vez fue de una editorial.

No te puedo dejar el informe completo porque es muy largo.

Te dejaré algunas palabras clave que aparecen en él:

«• vibrante, lleno de vida, fluido, auténtico, profundidad, humor, reflexiones, gran potencial comercial».

Me han pedido más contenido y que estemos en contacto, tienen interés en publicarme.

El tiempo dirá.

Mira, yo no he venido aquí a chuparme la polla a mí mismo para que vosotros me aplaudáis.

Yo solo he venido aquí a decir que las cosas se logran.

Y que todo lo que tengo en esta vida lo he conseguido echándole cara y atreviéndome.

Yo no puedo permitirme quedarme sentado en mi casa y esperar a que ocurra un milagro.

No, señor.

Yo quiero llegar a miles de personas y eso se consigue llamando la atención de MILLONES.

Y eso es justamente el camino que estoy siguiendo.

No paro de crear y publicar, de conocer gente, de hablarles a los que tienen lo que quiero para preguntarles cómo CARAJO lo consiguieron ellos.

De cada veinte me responden cien.

De cada cien, quince.

Cuando lleve un millón, a lo mejor he mantenido ciento cincuenta mil conversaciones fundamentales.

¿Qué puedes aprender tú de esto?

A moverte.

El cuerpo que quieres no llegará a tu salón.

El dinero que quieres tampoco.

La chica o chico que buscas tampoco.

Ese curro tampoco.

NADA LLEGARÁ SI NO TE MUEVES.

El universo da cuando PIDES, pero a cambio quiere ENERGÍA.

¿Cuánta?

TODA.

Toda la energía a cambio de la vida de tus sueños.
¿Te parece buen trato? ¿Sí?
Pues al lío.

# 22 de enero

«Dios no da valentía, da la oportunidad de ser valiente».

PARA. No me taches de santurrón.

No me juzgues tan rápido hombre.

La frase que acabas de leer no sé dónde carajo la leí.

Pero viene a mi cabeza muchísimas veces con diferentes adjetivos.

Y han formado en mi cabeza una creencia muy guapa.

¿Te interesa?

Vale, sigue leyendo.

Mira, lo que yo interpreto con esta frase es lo siguiente:

Dios no da nada, el universo no regala nada. No, señor.

Te dio la vida y mucho es.

Tú no puedes recibir valentía, pero sí puedes recibir la oportunidad de ser valiente.

Yo creo que lo que pides no se te da, lo que se te da es la OPORTUNIDAD.

Y eso es porque siempre hay que dar algo a cambio.

Tienes que poner el TRABAJO para crecer y adquirir la habilidad que deseas.

Te pongo un ejemplo superclaro de una revelación que tuvimos mi chica y yo sobre esto que te cuento.

Atento.

Era agosto de 2023 y fuimos a echar unos días al sur de Portugal.

Hablo mucho de Portugal, pero es que he ido varias veces y puedo confirmar que el Algarve está en el top tres de mis lugares favoritos del mundo.

Sigo.

Estuvimos literalmente en el fin del mundo, donde dobla el cabo San Vicente.

Delante solo había miles de kilómetros de ancho mar y, al fondo, el mejor atardecer que veré en mi vida —probablemente—.

Búscalo en Google y deléitate.

Bien.

Pues era agosto, estábamos en el mejor sitio del mundo para ver el atardecer y mi chica y yo fuimos en su coche —qué es superdeportivo y superbajito y casi roza el suelo— al lugar indicado.

Mi chavala y yo a veces tenemos problemas de comunicación y podemos estar tres horas diciendo lo mismo sin saber que estamos diciendo lo mismo.

Yo pedí a Dios, o al Universo, o a lo que carajo sea, la oportunidad de mejorar este aspecto de nuestra relación.

Jamás vi un milagro realizarse más rápido que este porque lo pedí por la tarde y lo recibí por la noche.

Resulta que, siguiendo las indicaciones de Google Maps, nos metimos en un caminito muy suave de tierra.

Al principio todo eran risas y diversión, hasta que tuvimos que abandonar ese camino y coger otro donde no teníamos la posibilidad de dar marcha atrás.

La autovía asfaltada estaba a ocho minutos en coche.

El camino tenía piedras como cuchillas que el coche no podía pasar.

Resumen: tardamos una hora y media en llegar al asfalto.

¿Qué pasó mientras tanto?

Como si de un paso de Semana Santa se tratara, me bajé del coche y me puse delante durante todo el camino haciendo indicaciones.

La mejor puesta de sol del mundo ya había terminado y era de noche.

Hacía mucho frío para ser agosto —yo iba en pantalón y camiseta cortos— y mi novia entró en shock.

Por un momento creí que iba a morir en Portugal, de frío, a cientos de kilómetros de mi barrio y en pleno agosto.

Ya escuchaba las risas y los chistes de mis vecinos.

Pero no, decidí no morir y entendí que era lo que había pedido: la oportunidad de mejorar nuestra comunicación.

Y joder si lo era: hicimos el máster completo.

Durante hora y media tuve que lidiar con llantos y risas, con piedras que parecían imposibles de saldar y con palabras muy suaves en unas circunstancias muy ásperas.

Después de todo ese rato, el coche llegó intacto al asfalto, mi chavala se pudo tranquilizar y nosotros habíamos superado la prueba.

De no haber tenido la oportunidad de mejorar en nuestra comunicación que había pedido y se nos había concedido, jamás hubiese existido este libro —probablemente—.

Porque yo habría muerto allí mismo —seguramente—.

Pero así son las cosas.

Pide y se te dará, siempre, así que no desesperes y ten cuidado con lo que pides.

Porque las cosas se cumplen.

# 24 de enero

Cuando tenía siete años presencié una escena que me impactó.

Estábamos en clase de gimnasia, en primero o segundo de primaria cuando un compañero decidió hacer una cosa.

Una cosa que estuvo mal.

Y el profesor lo solucionó de una manera impactante.

Algo que aún no sé si estuvo bien o no.

Júzgalo tú mismo.

Eran las nueve de la mañana.

Recuerdo la hora porque acababa de entrar al colegio y el sol empezaba a salir.

También recuerdo que hacía fresco y que estábamos en el patio mientras realizábamos un calentamiento articular.

Debía ser otoño.

Es curioso las cosas que podemos recordar.

Bueno, ahí estábamos mi clase y yo, calentando en un día de otoño —creo— cuando un saltamontes saltó al centro del círculo que formábamos mientras movíamos los brazos arriba y abajo.

Recuerdo cómo cayó desde la rama de un árbol que teníamos encima.

Los árboles de mi colegio debían de medir cuatrocientos o quinientos metros cuando yo estaba allí.

Lo que pasa es que han debido de menguar, porque hace poco paseando por la zona pude notar que medían como árboles normales.

Qué lindos ojos los de un niño, que todo lo ve grande y posible.

En fin, que me enrollo.

Mi clase y yo, el círculo, brazo arriba y brazo abajo y el saltamontes en el centro.

En el momento que se metió allí presentí que no conseguiría salir.

Y poco me equivoqué, porque el chulo de turno —a los siete años ya hay imbéciles solo que nadie los llama así porque son niños— decidió aplastarlo con su pequeño pie.

Su escasa fuerza no fue suficiente para matar al bicho que, mientras se vaciaba de lo que carajo tengan en las venas los saltamontes, intentaba saltar de nuevo.

Recuerdo sentir lástima.

Lástima por el hecho de que hubiese caído ahí y lástima porque se intentó levantar, pero ya no podía.

Acto seguido tuvo lugar la impactante acción cuyo autor fue el maestro de gimnasia, ya sabes, el tipo del chándal y el silbato, que mientras se acercaba al insecto iba gritándole al chaval —recuerda, el imbécil de 7 años—.

Cuando estuvo a la distancia suficiente, levantó su pie —ya era un pie de tamaño adulto— y su fuerza sí que terminó de rematar al saltamontes.

La escena fue rápida, pero también lenta, porque pude llegar a ver como el pequeño bicho intentó escapar de aquello, pude ver cómo intentó saltar por última vez.

Ahora ha pasado el tiempo, casi veinte años, y sinceramente no sé si el saltamontes llegó a intentarlo una vez más o era yo, que deseaba que saliera volando de allí.

Volar lejos del dolor, del imbécil, del cuarenta y cinco de pie del tipo del chándal y de las vallas del colegio.

A lo mejor era yo el que quería volar.

A lo mejor los dos.

No lo sé.

Sólo sé que saco dos cosas importantísimas de esto:

La primera es que hay que tener cuidado, mucho cuidado, con caer en el círculo inadecuado.

Lo segundo es que debes tener cuidado, mucho cuidado, con no saltar a tiempo y escapar de ahí.

Lo que aún no sé es si el maestro hizo bien o no.

Júzgalo tú mismo.

# 25 de enero

Hoy te voy a contar el mayor atraco a mano armada jamás sufrido por la dupla galáctica.

Ángel y yo.

Yo y Ángel.

El robo del siglo.

Y lo que aprendimos de aquello.

Atiende.

Hace justo un año de aquel suceso.

Y el clima era similar.

Estábamos un sábado —o domingo— de enero paseando los dos sobre las 14:00.

Hacía sol y el día invitaba a salir a gozarlo.

Nos fuimos para la Ribera —si no eres de Córdoba y jamás has visto esto con tus ojos, googléalo, es increíble— a dar una vuelta.

Paseamos por la misma Judería por la que paseó Abderramán III y cruzamos el mismo puente romano que cruzó Séneca —de hecho, lo construyeron en el tiempo de Séneca—.

Una vez al otro lado del río Guadalquivir llegamos al mercado medieval.

Esto es una vaina que el ayuntamiento coloca en estas fechas en las que no pasa nada, para ganar pasta —mucha pasta— a costa del contribuyente, solo eso.

Pero mola, la verdad, es curioso ir allí.

Mucho *frikeo*.

Bien, pues entre caballeros y dragones y entre damas y herreros, allí que se nos abrió el apetito a mi compadre y a mí.

Llamamos a un par de sitios, pero el buen tiempo y la mala hora hizo que nos viéramos con una mano delante y otra detrás.

Y con un agujero cada vez más grande en la barriga.

Viendo el percal, nos sentamos en uno de los bares del mismo mercado.

Principio del fin…

Todo estaba cuidado al detalle.

Las mesas y sillas eran de madera —«como todas las sillas» dirás tú; pues no, me refiero a que eran troncos—, el camarero iba uniformado con ropajes de la época y estaba todo bastante asqueroso.

Realmente parecía el medievo.

Mi amigo y yo nos mimetizamos rápidamente y llamamos al cantinero.

Un hombre gordo cuya panza asomaba y se rozaba por las mesas cuando andaba.

Al llegar a tomar nota se echó encima de nuestra mesa, no podía estar erguido de lo gordo que estaba.

Lo cual me pareció bastante medieval también.

Pedimos cuatro salchichas guarras y, gracias a Dios, sólo una chuleta porque no quedaban más.

Para remojar, una cerveza.

Todo aquello era la recomendación del mesonero de la época.

Al rato llega la comida que, aparte de que parecía mala, lo estaba, preparada al más estilo medieval y refrita en una plancha que no debía de haber sido lavada desde el siglo XV —siglo arriba, siglo abajo—.

Tragamos la comida y la bajamos con cerveza —no me gusta mucho la cerveza, pero no había otra cosa, recuerda que estamos en la edad media—.

Pasado el rato y ya comidos, pedimos la cuenta y el cantinero nos la canta.

No había recibo ni nada, solo un tipo diciendo lo siguiente:

X + X tal,

Y + Y Pascual,

Po po po po…

Chuleta + salchichas + cervezas…

Noventa y dos euros.

Noto cómo aguanto un «me cago en tus muertos» en mi garganta y lo cambio por un:

—¿*KHÉ*?

A lo que añade: «Noventa y dos euros, ¿efectivo o tarjeta?».

Le increpo que hacen el «agosto» pero bien engañando a la peña con esta tontería del medievo y me dice:

«Las quejas al alcalde».

Segundo «me cago en tus muertos» que ato en mi boca.

Una vez desvalijados y cabizbajos, mi amigo y yo salimos de allí para no volver.

Riéndonos de lo tontos que hemos sido y recordando lo aprendido:

1) Preguntar siempre por la carta y ver los precios, antes de nada.

2) No fiarse de un tipo que no es capaz ni de estar de pie en normales condiciones.

3) No pararse a comer en el primer sitio que pillamos, no actuar por desesperación —salir preparado de casa—.

Y, como bonus:

4) No comer en ferias medievales, mejor alguna otra época del año donde existiera el jabón —la Feria de la Ilustración, por ejemplo—.

Así que gracias cantinero y gracias alcalde, por tan bien conseguido mercadillo medieval.

Este finde lo ponen otra vez, ¿deberíamos ir a comer y hacernos un *simpa*? Voto sí.

# 27 de enero

Hace un par de días tuve una conversación muy difícil con mi abuelo.

Difícil de entender para mí.

Como no entendía bien lo que me decía ni tampoco lo que yo le contestaba, he dedicado tiempo estos días a reflexionarla.

Y aun no comprendiendo bien del todo lo que hablamos, sí puedo empezar a entender cuál es mi verdadero miedo, lo que escondía yo detrás de mis palabras.

Si leíste lo que conté hace unos días, sabrás que mi abuelo sufrió un accidente y nosotros —mi familia y yo— recibimos una llamada y un principio de infarto.

Recuerda el dispositivo que montamos en casa de mi abuela con seis personas y cinco vehículos diferentes.

Bien.

También sabrás que durante diez minutos que tardé en ir de mi casa a la de mis abuelos en bici, yo pensaba que mi abuelo se había ido para no volver.

Te hablé del miedo que pasé, del nudo en la barriga que tenía.

Te hablé de cómo iba hablándome en voz alta en la bici diciéndome a mí mismo que no pasaba nada, que todo está bien.

También sabrás que, cuando llegué, mi abuelo estaba vivo y poco a poco desde entonces se ha ido recuperando.

Todo quedó en un enorme susto. Que he tardado días en calmar.

Pues el otro día lo hablé con él.

Le dije todo eso en un momento que estuvimos a solas.

Que creía que se había muerto y que había pasado mucho miedo.

Que lo quería mucho y me daba miedo no verlo más.

Él se limitaba a mirarme sin decir nada, sentado en su andador.

En el fondo yo esperaba que me tranquilizara, pero ¿cómo se tranquiliza eso?

No existe la frase: «tranquilo, Jesús, que no me voy a morir nunca, no tengas miedo».

Y, como no existe, mi abuelo solo se quedó callado y mirándome.

Después de unos segundos vi que no había solución y que es inevitable vivir con ese miedo y algún día, tener que exponerme a eso, es ley de vida.

Así que cambié la pregunta:

—¿Tienes miedo a morirte?

Me dijo que no. No sé si lo decía por decir, pero realmente estaba muy tranquilo y confiado en su respuesta.

Le pregunté:

—¿Lo dices por decir o no tienes miedo de verdad?

Me volvió a mirar y me dijo:

—No tengo miedo.

Yo le dije que yo sí tenía miedo a morirme, que aquí nadie tenemos nada acordado y cualquiera se muere en cualquier momento.

Él me dijo:

—Claro que tienes miedo, eres muy joven y tienes que vivir mucho todavía.

Y esa es la parte que no llego a comprender.

¿Pierdes el miedo a la muerte con la edad o con las circunstancias?

Joder no lo sé.

Pero sí me tranquiliza una cosa.

Teniendo en cuenta que la muerte está a la vuelta de la esquina, Dios sabe en qué punto del camino, mi abuelo, por lo menos, la espera sin miedo.

Y eso ya es mucho más de lo que mucha gente tiene.

En cuanto a mí, no creo que tenga miedo a morirme, realmente a mis veintiséis años no tengo planes de cascarla. Cuando le dije eso a mi abuelo, en realidad mi miedo puede que sea el de no vivir la vida que quiero vivir.

Lo cual hace que día a día avance un uno por ciento más en mi enorme proyecto vital. Sin excusas.

# 29 de enero

Mira, hoy te voy a contar el secreto de mis superpoderes.

El secreto que hace que, a pesar del cansancio, miedo o inseguridad, siga adelante.

Lo que hace que me arriesgue a hacer lo que tengo que hacer para llegar a donde tengo que llegar.

Lo llamo superpoderes porque la mayoría de la gente se paraliza ante lo distinto.

El secreto para seguir avanzando a pesar de la incertidumbre lo descubrí hace muchos años: en 2003.

Atento.

Tenía cinco años y disfrutaba de una de las últimas etapas de mi infancia temprana.

Distingo el paso entre infancia temprana a infancia tardía en un hecho que a mí me chocó y que algún día te contaré, puede que mañana —o puede que no—.

Bien.

Ahí estaba yo, con cinco años y mi infancia temprana acabándose.

Y dando tumbos en mi barrio con la bici.

Yo de chico siempre fui muy torpe. Me caía mucho, si trepaba a algún sitio luego no bajaba porque no sabía, no me gustaba mucho subirme a columpios altos porque luego no sabía bajar… En fin, un poco cagueta la verdad.

Lo que sí me gustaba —y me sigue gustando— era ir en bici a todos lados.

¿Qué pasaba?

Que quería bici y mi madre no me quería muerto, así que, como era torpe pero intrépido —recuerda, no bajaba de los sitios altos, pero no dudaba en escalarlos—, mi madre me regaló un elemento de seguridad máxima: un casco para la bici.

Yo no quería ponerme el estúpido casco porque me veía ridículo con él.

Mi madre me dijo que con el casco parecía Dani Pedrosa —un tipo de Moto GP que me molaba—.

Me explicó que el casco servía para ir más rápido y para conducir mejor, como un verdadero piloto.

También me regaló un par de rodilleras como las que los motoristas usaban en las carreras para tumbar la moto en las curvas.

Mi madre me quitó la idea del ridículo de la cabeza y me metió la de un auténtico piloto de Moto GP.

Y además me dijo que, si me caía, con esto no me haría daño.

Así que me puse el casco y las rodilleras y pasaron dos cosas.

Primera cosa: me creía el puto amo.

Segunda cosa: me creía inmortal.

Cosa extra: mi madre la acababa de cagar y aún no lo sabía.

Con mi nueva inmortalidad y mi renovada imagen de *maquinote* motorista, agarré mi bici y empecé a pedalear lo más rápido posible.

En las curvas me tumbaba como un piloto de Moto GP.

Sin miedo.

Y en las rectas levantaba un poquito la rueda de delante.

¿Resultado?

Me iba al suelo cada dos curvas y me estrellaba con algo cada tres rectas.

Pero pasaba una cosa.

Y es que, a pesar de caerme y pegarme un hostión detrás de otro, me sentía bien.

No me dolía como antes y además me sentía más seguro.

Recuerda, creía que era inmortal.

Pobrecita mi madre que quería que no me hiciera daño y consiguió que besara el suelo diez veces más.

Con el tiempo aprendí una cosa de esta historia, y es lo que te quiero contar hoy.

Los riesgos jamás desaparecen, los problemas siempre están ahí, las hostias te las vas a dar.

Pero hay dos formas de tomarse esto.

La mala y la mía.

La que yo me inventé gracias a mi madre es la mejor de las dos:

Me enfrento a todo cueste lo que cueste y sin pensar en la caída: solo en la siguiente curva.

¿Y qué consigo con esto?

Hacer lo que tenga que hacer a pesar del miedo, a pesar de la inseguridad.

A pesar de caer y hacerme mucho daño.

Porque, en el fondo, y gracias a mi madre, siempre me creeré inmortal.

Así que ya sabes, como un piloto de Moto GP, céntrate solo en la siguiente curva y tómala sin miedo.

Y que no se te olvide que lo más importante es disfrutarla.

# Lo que no te conté y te cuento ahora

El 31 de enero de 2024 escribí mi última historia —de momento— en mi pequeño mundo digital.

En realidad, no era una historia, era una despedida. Bueno no, era un hasta luego.

Era un hasta luego sin fecha de regreso, pero también sin fecha final. Es decir, prometí volver. ¿Cuándo? No sé, pero que vuelvo es seguro.

Mira, hay varias historias que no llegué a contar. Bueno, varias… hay millones. Pero varias son las que menciono a lo largo del libro prometiendo que ya te las contaré otro día y que jamás conté.

Pues bien, ese día es hoy.

Los otros millones de historias también te las contaré. Algunas las estoy viviendo ahora mismo y otras, las más emocionantes, están aún por vivir. De momento te cuento estas.

Y, quién sabe, puede que al final viva de esto y te enteres de todo. Yo apostaría a que sí.

El tiempo lo dirá.

Llegados a este punto y antes de seguir quiero darte las gracias.

A ti, que me has encontrado en la jungla de Internet, en el último estante de la última estantería de la librería más rara de tu pueblo o Dios sabe dónde, y que has decidido apostar por mí y pillar este libro.

Mi cuenta de Instagram es @jesussanzzzz, la he puesto a lo largo de todo este libro. Si aún no me has seguido y me has hablado para decirme lo guay o lo mierda que es lo que acabas de leer, te doy otra oportunidad.

En cuanto a las historias que no te conté y te cuento ahora, déjame que empiece presentándote a mis isquiotibiales izquierdos.

Te hablé de lo rotos que estaban aquel día que vencí a flexiones a un piloto americano en una playa de Cádiz y mantuve la bandera española en su sitio —lo que te conté el 13 de octubre—.

También te hablé de ellos el 19 de diciembre, cuando mi colega Alex me dijo aquello que hizo encender aquello otro que hizo posible que yo escribiera todo esto y que tú lo hayas podido leer.

Pero, ¿qué cojones me pasó en los *isquios*?

¿Merecen una historia aparte?

Júzgalo tú mismo.

Atento.

# ¿Qué cojones me pasó en los *isquios*?

Lo que te voy a contar a continuación es una historia de ambición desmedida, de cuando las ganas de ganar son más grandes que las posibilidades de lograrlo.

Te voy a contar qué es lo que pasa cuando un hombre quiere ganar a otro hombre a toda costa sin más premio que el hecho de ganar en sí, algo que, para mí, a veces, es suficiente.

Esta es la historia de lo que le putopasó a mis isquiotibiales, lo que aprendí de ello, lo cerca que estuve de cascarla —para variar—, y, nuevamente, lo que aprendí de eso.

Flípalo.

Era agosto de 2022 y en esta ocasión mi equipo y yo estábamos en Cádiz. Pero no en Cádiz ciudad, allí acabaría dos días después ganando al militar de Ohio a flexiones.

Estábamos, concretamente, en el Puerto de Santa María. Un pueblo en el que hoy en día no puedo decirte si se hace o no de día, porque yo solo lo he visto de noche.

El viaje comienza así.

Acababa de entrar a mi nueva —y actual— empresa, no llevaba ni un mes, por lo que no tenía ni vacaciones ni derecho a ellas. Aprovechando que el lunes 15 de agosto no se trabajaba en Córdoba —ni aquí ni en otros sitios, pero yo solo sé cuándo no se trabaja aquí—, mis colegas y yo decidimos irnos a Cádiz provincia con el único plan de que no había plan.

La primera parada era el Puerto de Santa María y luego se iría viendo.

Literalmente habíamos organizado un viaje de cuatro días y solo habíamos cogido hotel para un día, la noche del sábado al domingo. Además, en otro pueblo, en Sanlúcar de Barrameda, ya sabes, donde el vino y las gambas. Por lo que íbamos al Puerto sin saber dónde caernos muertos al día siguiente.

Ni lo que nos deparaba el futuro.

Fabuloso.

Pues allí acabamos mi equipo y yo. Cuatro tíos y Cuatro noches, una de las cuales la pasaríamos en un Airbnb y las otras tres eran pura fantasía.

La primera noche de pura fantasía comenzó cenando pizza de primero y *whisky* con *pseudoredbull* de postre —lo sé, es malísimo para el corazón, ya ni bebo, pero te cuento lo que pasó tal y como pasó, no me juzgues—.

Los *whiskys* fueron pasando, y yo también, y nosotros también nos fuimos pasando. Entre risas pasajeras y gente que iba conociendo y que nunca más veré, y entre varias lagunas de momentos que no recuerdo y otros que recuerdo como si fueran un sueño, nos vimos, de repente, tirados en una playa de Rota, en Costa Ballena. Amaneciendo.

Había pasado algo que jamás creímos que iba a pasar: la noche se acabó y nos vimos tirados sin casa.

«JA, JA, VAYA ZUMBADOS», dirás tú.

Y es verdad, hay que estar muy zumbado para hacer este tipo de cosas.

Pero bueno, así pasó y así te lo cuento, y como te decía, nos vimos tirados en una playa.

En otro pueblo.

Sin dónde caernos muertos.

Intentaba dormir tirado en la orilla cuando el *pseudoredbull* empezó a actuar. El sol no ayudaba y nosotros no teníamos sombrilla, ni agua, ni ganas de vivir.

Notaba el corazón a mil, latiendo contra la arena, ya que estaba tumbado boca abajo. Retumbaba en mi tórax como un bombo a ritmo alto.

Pum, pum, pum, pum, pum.

Sentí la imperiosa necesidad de moverme y lo hice.

Me puse en posición de plancha y empecé a hacer flexiones —que pesado con las flexiones—.

Mis amigos, que estaban casi dormidos, se espabilaron del susto y empezaron a preocuparse y a preguntar que qué cojones hacía.

—Tengo el corazón a mil, ¿alguien se echa una carrera?

Primer error.

—Dale —dice mi colega Sergio, uno de mis colegas más rápidos, si no el que más.

—Venga —digo yo.

Segundo error.

Sin saber muy bien por qué hacemos lo que hacemos, les faltó tiempo a mis colegas Ángel y Suárez que ya habían dibujado una línea de meta y se preparaban para dar el pistoletazo mientras Sergio y yo nos dirigíamos a la de salida, a unos doscientos metros de distancia.

El corazón iba a mil, pero el cuerpo… el cuerpo estaba para tirarlo.

Yo estaba sin camiseta, con un bañador y unas gafas de sol. Me perseguía una peste a whisky que iba dejando rastro.

Un atleta total.

Llegamos a la línea de salida y mi colega y yo, como si nos fuera la vida en ello, codo con codo y muy centrados en la pista.

Los segundos parecen horas mientras miramos el brazo en alto de Suárez. El sol pica, me cuesta respirar por puro cansancio y por primera vez en diez minutos, me planteo qué carajo estoy haciendo.

Suárez baja el brazo y salimos corriendo como dos galgos. Mi amigo Sergio es muy rápido, pero yo soy más alto, sé que si me pongo al máximo y alargo la zancada puedo ganar.

Voy a ganar. Lo tengo seguro.

Los primeros diez metros se quedan atrás en un segundo y me sorprende ver que seguimos codo a codo: mi plan está funcionando. Doscientos metros son muchos metros y yo tengo más fondo que él. Puede que sí sea verdad que vaya a ganar.

El alcohol había deshidratado mi cuerpo. Mis músculos estaban secos como la mojama y yo ahí, haciendo el macho y forzando mis piernas al límite.

En una de esas zancadas con las que quería derrotar a mi pequeño pero rápido amiguito noto cómo la parte posterior de mi pierna se parte como una goma vieja.

¡ZAS!

Latigazo y macho al suelo.

La pata se queda tiesa y un profundo dolor invade todo mi cuerpo.

Es tan intenso y característico que puedo sentirlo mientras escribo esto, casi dos años después.

Fin de un sueño y fin de una era. Mis amigos Suárez y Ángel, que eran la meta, vienen a ver qué coño acaba de pasar. No puedo andar y mis ganas de ganar se transforman en un profundo arrepentimiento.

Yo deseaba que fuera un tirón, pero sabía muy bien que no lo era.

Perdí la pierna y la carrera. Y, por un momento, las ganas de seguir en Cádiz.

Pasó la mañana y pudimos entrar a un piso por primera vez.

El dolor no paraba de crecer, además, perdía fuerza en la pierna por minutos. Hasta un punto en el que apenas podía andar porque apenas podía sostenerme sobre esa pierna.

Aun así, continúe todo el fin de semana en Cádiz, pude ganar al piloto americano a flexiones y aguantar otros dos días sin dormir.

Sin querer prestar mucha atención al asunto.

El último día, el lunes por la mañana —recuerda, era festivo— decidimos comer en Chiclana e ir a la playa un rato antes de partir para Córdoba.

Mientras hacía algunos estiramientos para calmar el dolor de la pierna, mi colega Ángel se da cuenta de una cosa: en la parte de atrás de mi pata izquierda, la dañada, detrás de la rodilla, tenía un pequeño moratoncito.

Al día siguiente era tan grande como mi mano.

Y a los tres días, toda la parte de atrás de mi pierna estaba negra.

¿Crees que fui corriendo al médico a ver qué pasaba?

No, el finde siguiente acabé en Conil —Cádiz otra vez— con mi familia.

Pasaron diez días hasta que mi novia pudo engañarme y llevarme al fisioterapeuta.

Cuando llegué allí se echaron las manos a la cabeza. Tenía la pierna prácticamente paralizada, negra como el carbón y yo, mientras, diciendo que esto se curaba solo.

Ya sabes, la típica tendencia del hombre a curarse solo o morir.

La primera sesión fue solo drenaje. Me hicieron masajes para ayudar al cuerpo a absorber y eliminar todo ese asqueroso líquido podrido.

¿Resultado?

Al día siguiente tenía cuarenta de fiebre y en urgencias no podían hacer nada. Solo paracetamol y agua —por esto es que no quiero ir al médico—.

Era viernes y mi cabeza iba a explotar. Mi chica y yo teníamos planeado irnos a Torrox —Málaga— a echar el finde ya que no tenía fisio hasta el lunes.

Decidí que para morirme así mejor ver el mar por última vez. Y eso hice. Ir a ver el mar. Con la idea de meterme y morirme dentro.

Que me lleven las olas. Nacer en el mar, morir en el mar.

Me pasé toda la noche con cuarenta de fiebre y no había cojones a bajarla, es más, no hice nada. Solo esperar y confiar en mi cuerpo y su sabiduría ancestral.

Al final no me morí.

Sobreviví esa noche y a la mañana siguiente ya no tenía fiebre. No volvió a darme. Metí la pata en el mar y me sentí mejor al momento.

Para que veas que no estaba exagerando —o no tanto—, el lunes cuando llegué al fisio de nuevo me esperaban muy preocupados.

Por lo visto un chaval que llegó en unas circunstancias similares hacía años, se murió de la infección.

Vale, eso me hizo poner los pies en la tierra.

Desde ese momento acepté que había cosas que no se curaban solas y necesitaba ayuda.

Me pegué dos meses yendo al fisio y el músculo iba mejorando.

Para que te hagas una idea del deterioro, en aquel entonces yo podía levantar en peso muerto unos 130-140 kg.

Después de que el fisio me dejara empezar a hacer deporte de nuevo, no podía coger ni 40 kg.

Había perdido la pierna por completo.

El tiempo ha pasado y ahora estoy en una buena condición física. Me encanta el deporte y esta última etapa de mi vida ha sido la más regular y la que más me he cuidado, en el sentido de respetar mis límites, entrenar bien y comer bien. Y no hacer el puto imbécil si me juego el tipo en ello.

Con todo esto que me pasó puedo decir:

1) El cuerpo se cura solo, pero a veces necesita ayuda —lo digo sin gustarme un pelo los médicos—. Si no la recibe a tiempo, puedes palmarla. Esta es quizás la lección más importante de este libro.

2) No mezcles alcohol con bebidas energéticas. Lo peor que te puede pasar es que te dé un infarto y te mueras, lo menos malo es que te creas inmortal y en una carrera te jodas la pierna para tres meses. No te recomiendo ni lo uno ni lo otro.

3) Ganar es lo mejor, pero la salud es lo mejor de lo mejor. Yo lo quiero todo, pero no a cualquier precio. Lo mejor que tengo en este mundo es mi cuerpo y he de decir que a partir de aquello, cada vez lo cuido mejor. Es mi activo más importante y lo necesito en perfectas condiciones para todo lo que hago y me queda por hacer —que es muchísimo—.

4) En cuanto a pasar cuatro días fuera con cuatro colegas, y solo coger una noche de hotel, no te lo recomiendo si buscas confort. Si buscas risas y aventuras, hazlo, porque están aseguradas.

5) Si mis músculos hubiesen estado bien hidratados, sabe Dios que la carrera la gano yo, a pesar de estar corriendo contra un pequeño hombre bala —aunque si lee esto, él dirá justo lo contrario—.

# Lo que no te conté y te cuento ahora (parte 2)

Volviendo a las historias que no te había contado, la segunda que dije que te contaría algún día y que ese día era hoy es la historia de cómo me quisieron hacer la cabra en la segunda empresa en la que trabajé.

Esto va en relación con aquello que leíste el día 9 de enero, cuando te hablé de mi primer puesto de «ingeniero», de cómo me tomaron el pelo y de cómo me sirvió de mucho en mi vida profesional. Ya que aprendí a valorarme y a preguntar cosas, también a decir que no a las otras cosas que no estaban entre mis funciones.

Aprendí a no caer en la trampa otra vez.

Esta es la historia de cómo realmente no volví a caer en la trampa cuando creyeron que seguía siendo un novato en mi segundo puesto como ingeniero.

Atento.

# Cómo realmente no volví
# a caer en la trampa

Como sabes, en verano de 2021 y después de que la que fuera mi jefa me gritara, me vi en la calle. Entonces aguantaba menos que ahora y prefería no tener dinero a aguantar una puta voz.

Era un pensamiento un poco nazi. Con el tiempo me di cuenta de que nada externo influye en lo interno: solo el alma se atormenta a sí misma. Por lo que inicié un proceso en el que, siempre defendiendo lo mío, poco a poco, todo lo que pasara fuera iría perdiendo poder respecto a lo que sentía dentro.

Elegí aprender a vivir siempre en el ojo del huracán y tan tranquilo, en lugar de huir de todo aquello que me cabreaba. Ser dueño de mí y bla, bla, bla.

En fin, discurso espiritual aparte, mi jefa me gritó y la mandé a mamarla. Jamás la he vuelto a ver.

Empezó así un proceso que duró unos dos meses en el que echaba el CV a todos sitios.

Literalmente imprimí varias copias de mi currículum y me pateé el centro y otros barrios de Córdoba puerta por puerta.

Allí donde veía un cartel de una empresa donde se podía currar de ingeniero, allí que llamaba y dejaba mis datos.

No me llamó nadie.

Por Internet hacía lo mismo. Y fue así como un día me llamaron para entrevistarme.

La empresa en cuestión era cordobesa y enorme. Una empresa en condiciones y no aquella de la que salí corriendo dos meses atrás.

Quedé con la chica que me entrevistaría un par de días después de la llamada y esperé a la cita.

La idea es que ella me entrevistaba por videollamada; si le parecía apto, el que sería mi responsable me videollamaría también otro día y, finalmente, si era uno de los finalistas, iría a hablar en persona con ellos para el remate final.

Pasé el primer corte y agendé la segunda llamada, esta vez con el que sería mi jefe.

El día elegido y a la hora elegida me enfundé una camisa y cero pantalones y me puse delante de la webcam del ordenador de mi parienta. En esos días vivía con mi novia en su casa y no tenía mi ordenador a mano.

Nada más empezar la entrevista, en la frente.

El que puede que nunca se convirtiera en mi responsable comienza la entrevista de la siguiente manera:

—Hola, Jesús, soy Fulano de Tal, debo decirte que no sé por qué me han dicho que te llame, el puesto ya se ha cubierto y ahora mismo no buscamos personal… De todas formas, ya que estamos aquí, cuéntame, quién sabe si en el futuro volvemos a abrir alguna otra plaza…

Joder, bastante desmotivador. Después de varios días y de la camisa, parecía ser que no había servido para nada.

Decepción.

Pero no fue tan malo, de hecho, creo que aquello me vino hasta bien.

Me vino bien porque como ya no me querían contratar se esfumaron todos los nervios y toda la presión. A partir de ahí tuvimos una conversación de puta madre sobre lo que había hecho y sobre lo que sabía, sobre todo lo que no sabía, y sobre otras muchas cosas.

Y creo que lejos de quedarse con mis conocimientos —que no eran muchos—, aquel tipo que al final sí que fue mi responsable se quedó con mi actitud.

Le gusté tanto que abrió un nuevo puesto de trabajo sin necesidad solo para ficharme.

No te digo qué le dije porque no me acuerdo.

Sí recuerdo que a los pocos días de aquello y tras conocerlo en persona, estaba allí trabajando.

Los primeros días no tenían trabajo para mí —claro, el puesto original ya estaba cubierto y yo estaba allí por vendehúmos—, así que me daban cosillas para pasar el rato.

Luego me asignaron un tutor y trabajé unos meses con él.

Después, con el tiempo, debí ascender —literalmente me subieron a otra planta del edificio—, y me pusieron a trabajar directamente con el jefe de mi departamento —el jefe de mi responsable y el mío—.

Todo esto por cuatrocientos euros al mes.

Pero no me quejaba, el dinero no era un problema para mí. La verdad es que trabajaba poco, sin presión y, además de las seis horas que duraba la jornada de becario, una hora y pico me la pasaba en el bar con otros becarios.

Estaba a gusto de verdad.

La cosa cambió cuando comencé a trabajar en la planta de arriba para el jefe de mi responsable y mi jefe: nuestro jefe.

El trabajo se intensificó, la presión aumentó y las horas de trabajo también.

Finalmente, decidieron que el siguiente en aumentar debía ser mi sueldo.

Es aquí donde intentaron hacerme la cabra.

Estaba yo un día boxeando tranquilamente cuando me sonó el teléfono: era el jefe de jefes. Me dijo algo así como:

—Hola, Jesús, ¿qué te parece empezar a trabajar a jornada completa este mes, ganando mucho más, y a partir del mes que viene, ganando bastante más?

Podías ver el símbolo del dólar en mis ojos. Dije sí y empecé a trabajar de tardes.

La cosa se truncó un poco cuando vi que no era divertido trabajar de tardes sin saber muy bien cuánto era mucho más. Tampoco sabía cuánto era bastante más.

Terminó el primer mes y recibí la primera supernómina: un puto fiasco.

Todas mis mañanas y casi todas mis tardes del mes de marzo de 2022 no valían ni 1000 euros. Hubiese ganado más de camarero que de ingeniero en aquella empresa, y me hubiese comido menos marrones.

Investigué el tema y resulta que había un error. Se solucionó y el mes de abril iba a ser diferente.

Seguí trabajando mañanas y tardes por la promesa de mucho y bastante más, sin saber exactamente el número exacto.

Llegó mayo y con él, esta vez sí, la primera supernómina: un puto fiasco por dos.

Me cabreé, pero me mordí la lengua, decidí llamar al jefe de una manera tranquila y pausada confiando en que me lo solucionara. Era una empresa grande y él no hacía los pagos, pero a él si le harían caso los que pagaban, más que a mí seguro.

¿Qué crees que pasó? ¿Crees que se puso a solucionarlo tratándome con el respeto adecuado?

No.

Me llevé una bronca de puta madre porque según él no estaba cumpliendo objetivos y no me merecía la nómina.

Me dijo, básicamente, que me dedicara a trabajar y que me callara.

En esos días yo ya aguantaba más que antes y decidí no mandarlo a mamarla todavía.

Tragué saliva e intenté solucionar el tema por mi cuenta. También seguí trabajando.

Yo sí que cumplía mis objetivos. Con el tiempo resultó que el que no los cumplía era él y lo largaron de la empresa. Pero eso ya es otra historia que no me incumbe a mí contar.

Que la cuente él en su libro.

En su defensa diré que la empresa en general era una mierda y él se llevó gran parte de las culpas cuando la mayoría ni le tocaban. Cabeza de turco de manual.

Cuando llegó junio la situación en el departamento era insostenible, a mí se me debía pasta y a otros compañeros también; encima, nos enteramos de que lo que nos debían era una puta mierda y que no alcanzaba la cifra que deberíamos cobrar por nuestra titulación.

Lo que pasó allí no fue una fuga de cerebros: fue una estampida de cerebros.

De casi cuarenta persónas que llegamos a estar en marzo/abril, allí no quedó ni el tato. Prácticamente todos nos fuimos a empresas mejores donde hoy en día seguimos.

Antes de irme y habiendo presentado mi baja ya, me llamó el jefe de mi jefe, el jefe de jefes de jefes —en esta empresa hay más jefes que trabajadores y así les va—.

Me dijo que me quedara y que me pagaría más, lo mismo que me pagarían en mi nuevo puesto en la empresa a la que me iba.

A este hombre sí que lo mandé a mamarla, pero de buenas formas. Nada de esto era su culpa —en realidad no sé quién o quiénes eran los culpables de tan mala situación—. Él sólo era un jefe más de la inmensa cadena piramidal de esta estúpida empresa.

Solo te cuento esto para que veas que no caí en la trampa, tres meses de mentiras acabaron en  minutos.

Salí de allí para no volver a entrar jamás.

Pasaron los meses y dos de mis exjefes —ambos despedidos, uno es del que te hablo arriba, el otro, pues otro jefe distinto— me llamaron.

Los dos tenían puestos nuevos en otras empresas y los dos querían que trabajara con ellos.

La respuesta ya te la imaginas.

Gracias a la experiencia que viví en mi primera empresa, tuve la suficiente confianza para determinar mi valor y saber que no era el que me ponían en esta segunda empresa.

También la suficiente confianza para buscar aquella tercerea empresa que sí pagaría por ese valor y pirarme corriendo cuando la encontrase.

Eso hice y aquí sigo.

No sé si alguno de los protagonistas de esta historia leerá esto alguna vez. Si es así, gracias. Gracias por aumentar mi confianza y por reconocer mi valor, aunque no quisierais o no os hubiesen dado permiso para pagar por él: me sirvió para encontrar al que sí quiso pagar.

# Lo que no te conté y te cuento ahora (parte final)

El 27 de enero te hablé de una difícil conversación que tuve con mi abuelo Juan. Recuerda, acababa de sufrir un accidente muy grande en el que creí que se había ido para no volver.

Los quince minutos que tardé desde que me enteré de lo sucedido hasta poder verlo en su silla sentado me los pasé cagado de miedo. Intentando convencerme de que todo estaba bien. Tanto si se hubiese muerto como si no, decidí que saldría de esa.

Pura supervivencia, supongo.

El resto ya lo sabes, nos plantamos allí ciento y la madre, la ambulancia llegó también, mi abuelo estaba en shock y bastante jodido pero vivo…

Lo que te conté el 27 de enero no fue eso, fue la conversación que tuve con él sobre eso unos días después, cuando ya estaba algo recuperado.

El 27 de enero fue cuando te conté que mi abuelo no tenía miedo a la muerte y la esperaba tranquilo.

Lo que te voy a contar ahora para finalizar este libro y que tú puedas seguir con tu vida es otra conversación que tuve con mi abuelo, y que resume, en una frase, toda nuestra relación. Y, realmente, la relación que tengo con todos mis abuelos.

Presta especial atención.

# La otra conversación
# que tuve con mi abuelo

Antes de nada, te voy a poner en antecedentes.

En octubre de 2022, mi familia y yo nos dimos cuenta de que nuestro Juanito no estaba como antes. Estaba muy cansado siempre, se dormía en cada lugar donde podía sentarse y en general, no tenía prácticamente ni rastro de la vitalidad a la que nos tenía acostumbrados.

En noviembre lo llevamos al hospital y le diagnostican neumonía. Se pasaría entonces casi una semana ingresado.

Cuando pasan unos días, le dan el alta y vuelve a casa, pero no vemos mejoría. Resulta que la neumonía sí estaba curada, pero había otro tema que le provocaba esa falta de energía y no se había resuelto.

En diciembre de 2022 vuelve al hospital y le ponen la etiqueta de anemia grave, por lo que deciden hacerle una transfusión de sangre.

Hoy en día no sé muy bien qué le pasó esa primera noche de ingreso, pero la realidad es que le metieron sangre, le dio una especie de infarto y casi se muere.

Desde aquello mi abuelo no volvió a ser el mismo.

Los riñones se le pararon y tuvo que empezar un tratamiento de diálisis de seis días a la semana el resto de semanas de su vida. Apenas podía andar, no tenía apetito ninguno y empezó a tomarse un millón de pastillas diarias que lo mantenían «bien».

En el mes de diciembre lo ingresaron dos veces durante varios días. En enero también. En febrero también. En marzo nos dijeron que no creían verle solución y nos propusieron una última idea:

—Si esto no funciona lo pasamos a paliativos —dijo el médico de turno.

Esto que se dice tan rápido y tan fácil no se encaja nada rápido ni nada fácil.

Por suerte, esa última idea fue bien y no tuvimos que pasarlo a paliativos.

Vale, todo esto es el contexto. Para que entiendas bien todo lo que vivimos mi familia y yo en aquellos meses de 2022-23.

Lo que te quiero contar específicamente es lo que viví uno de los días que estuve cuidando de mi abuelo en el hospital. Allí todos los días eran iguales pero este día en concreto me dijo algo que se me quedó grabado.

Y es de lo que te quiero hablar hoy.

Era un día normal de diciembre o enero, entre semana, miércoles o jueves. Yo salgo de trabajar a las 19:00 h. y en aquellos días iba directamente al hospital, a relevar a mi tía o a mi madre. Desde las 20:00 h. que llegaba hasta las 22:00 h. más o menos. Eran ellas, las dos únicas hijas que tienen mis abuelos, las que dormían por turnos con él porque así lo querían, no querían separarse de su padre. Así que yo lo cuidaba mientras una volvía a su casa y la otra se preparaba para la larga noche de hospital.

Ese día llegué y estaba especialmente flojito. No podía incorporarse en la cama y apenas podía hablar seguido sin que le faltara el aire.

A mí me gustaba sacarle sus temas de conversación favoritos, que era hablar de las ciudades por las que había trabajado y sobre Historia, especialmente historia de la Segunda Guerra Mundial.

A mí me daba igual de qué hablar, solo quería hablar con él y verlo sonreír. Y muchas veces lo conseguía.

Pero ese día no lo hice hablar mucho.

Sobre las 20:30 h. le llevaron la cena. Le ayudé a incorporarse, no sin esfuerzo, y se sentó en la cama. No tenía nada de hambre, pero la comida le venía muy bien, necesitaba comer.

Algunas veces le costaba coger los cubiertos y ese día era una de esas veces, así que lo ayudé lo mínimo necesario intentando que fuera lo más independiente posible. Aunque tardara más yo sé que él prefería sentirse menos «inútil» como solía decir. Yo intentaba que siempre estuviera cómodo en estas situaciones:

—No pasa nada, abuelo —le decía—. Tú me ayudabas a mí a comer de chico y yo te ayudo ahora a ti a comer de grande.

Le recordaba que él me había cuidado mucho siempre y que ahora yo estaba ahí para cuidarlo a él. Que no se preocupara, que no se viera como una carga porque no lo era. Que se alegrara de tener unos nietos y, en general, una familia que lo quería tanto.

Después de cenar me gustaba sacarlo de la habitación para dar una vuelta por los pasillos, para que se asomara a las ventanas y viera un poco el mundo. Y para que anduviera y se moviera también.

Este día en concreto no llegó a salir de la habitación. Estaba tan cansado que se apoyó en la puerta y casi se cae. Lo cogí del brazo y le ayudé a tumbarse otra vez.

Cuando estaba cómodo en la cama lo arropé para que no tuviera frío y le di un beso en la frente.

En ese momento y por última vez en mi vida, me sonrío con esa sonrisa que tantas veces sacaba antes de ponerse tan malito. Por última vez vi su cara de hombre sano y feliz y, por un segundo, parecía que no pasaba nada.

Con esa sonrisa me dijo:

—Eres un hijo.

Yo le sonreí y le pregunté:

—¿Qué quieres decir con eso abuelo?

—Que eres como un hijo para mí —dijo—. Que te quiero como si fueses mi hijo.

Después de dos segundos de pellizco en la barriga le respondí que él era como un padre para mí, queriendo decirle que yo a él también lo quería como se quiere a un padre.

Y se durmió al momento.

Y yo me quedé agarrado de su mano a su lado llorando en silencio, para que no me vieran sus compañeros de habitación.

Y sentí todo lo que quería a aquel hombre. Y también lo que él me quería a mí.

Eso que viví fue hace ya más de un año desde el momento en el que escribo, pero no puedo recordarlo sin que los ojos se me pongan como dos tomates.

Ese momento fue un tesoro que mi abuelo me regaló y que guardaré toda la vida.

Quería contártelo para, de alguna forma, hacerte ver que nuestros seres queridos son lo mejor que tenemos en esta vida. Lo más valioso. Y tienes que cuidarlos y quererlos mucho mientras estén por aquí.

También quería dejar por escrito lo mucho que quería a mi abuelo, por si, de alguna forma, él puede leer esto también desde allí donde esté.

Varios meses después de aquello, después de muchos momentos de mucho cariño, mucho cuidado y mucha cooperación familiar, el 8 de febrero de 2024 mi abuelo se murió de repente y para siempre.

No pasa nada, rey, lo bordaste, espérame donde estés.

# Esto no es un adiós, es un hasta luego

Como te decía, el 31 de enero escribí la última historia del cuatrimestre de sanación. Decidí que tenía que dejarlo todo para ir dándole forma a lo que tenía en mi cabeza. Y una de esas cosas que tenía en mi cabeza y que tenía que darle forma es este libro. Es este viaje de cuatro meses de tantísima reflexión donde me enfrenté a esos problemas cotidianos que todos tenemos y que, a todos, a pesar de lo simples que parecen, nos duelen tanto.

Esto es lo que viví y más o menos será lo que vives tú. Esto es todo lo que aprendí de aquello y que ahora te he contado a ti para que, si lo necesitas, lo aprendas tú también. Y si vienes de vuelta y no has aprendido nada en este libro, también está bien ver que no estás solo, ver que todos, dentro de nuestra pompa, sufrimos. Pero que todos, dentro de nuestro mundo, también conseguimos tirar *palante*. Así, cada uno escalando su montaña, al final todos nos veremos en la cima.

Te deseo lo mejor, y te prometo una cosa: volverás a saber de mí.

Para escribir hay que vivir. Viviré un poco más y volveré para contártelo.

Un abrazo.

Jesús Sanz